Der Donauradweg

für Genießer

Florian Holzer

Der Donauradweg
für Genießer

150 Restaurants,
Lokale und Gasthöfe zwischen
Passau, Wien und Bratislava

Fotografie: Rupert Pessl

Styria
VERLAG

Inhalt

Liebe Leserinnen und Leser, liebe Radlerinnen und Radler, liebe Genussmenschen,

der Donauradweg ist als populärste Radroute Österreichs ein ziemliches Erfolgsmodell: Auf etwa 400 Kilometern verbindet diese „Mutter aller österreichischen Radtouren" drei Länder, vier Städte, drei österreichische Bundesländer. Er beginnt – zumindest der von uns hier beschriebene Abschnitt – in der vom Bier geprägten Bischofsstadt Passau, die seit jeher Weingüter an der gesamten Donau besaß, durchquert mit der Wachau eine der renommiertesten Weinregionen der Welt, passiert mit Wien eine der Genussmetropolen Europas und landet schließlich in Bratislava, der einst wichtigsten Weinstadt der Slowakei, die mittlerweile aber ebenfalls zur Biermetropole geworden ist. Und wo gut getrunken wird, wird in logischer Folge auch gut gegessen.

Womit wir schon beim Thema sind: Natürlich kann man die Strecke von Passau nach Wien oder sogar nach Bratislava an nur einem Tag radeln, wenn man nur früh genug aufsteht und schnell genug fährt. Dann wird man mit diesem Buch allerdings wenig anfangen können. Denn hier geht es – neben der Schönheit der Landschaft und der sinnlichen Freude an dieser besten aller Fortbewegungen – vor allem um die Pausen und deren Genuss.

Ich stelle ihnen hier 150 Adressen entlang der Strecke vor, die sich zu diesem Zweck ganz wunderbar eignen, von kleinen Cafés mit malerischer Donauterrasse über hippe Szene-Lokale, urige Gaststuben, herzliche Radler-Labestationen und lokaltypische Heurigen bis hin zum eleganten Spitzenrestaurant.

Nein, ich empfehle nicht, während einer Tour in all diesen Lokalen einzukehren, weil dann braucht man wirklich lange. Aber bei einer genüsslichen Tagesetappe von 50 oder 60 Kilometern sollte sich ein feines Frühstück, ein geruhsames Mittagessen und ein tolles Abendessen schon ausgehen – und zur kulinarischen Planung Ihrer Tour soll dieses Büchlein einen Beitrag leisten.

Und nein, Genussradler müssen auch nicht zwangsläufig die ganzen 400 Kilometer absolvieren. Nichts spricht dagegen, auch nur eine Ein- oder Zweitages-Tour zu machen, etwa nur die Schlögener Schlinge, nur die Wachau, nur Wien–Bratislava oder einen Teil der Strecke mit dem Schiff zu absolvieren. Zu diesem Zweck werden bei jedem der zwölf Kapitel – die nach den historischen Abschnitten der Donau gegliedert sind – auch die Möglichkeiten des Ein- oder Ausstiegs in Form von Bahnhöfen und Anlegestellen erwähnt.

Ein paar kleine Tipps noch, die einem – vor allem im Fall einer mehrtägigen Genusstour – helfen sollen, dass die Sache auch wirklich Freude bereitet:

Überschätzen Sie sich nicht. Lieber eine kürzere Tagesetappe einplanen und somit Zeit für den Besuch einer Altstadt, eines historischen Gebäudes oder für einen Sprung ins Wasser zu haben, als sich mit Zeitdruck zu stressen oder körperlich zu überfordern. Wir fahren hier kein Rennen.

Abendessen sicherheitshalber immer reservieren, Übernachtungen sowieso. Klar, man kann's auch abenteuerlich angehen, aber auf diesem Sektor kenne ich mich nicht so aus.

Für den Fall eines Restaurantbesuchs immer auch eine Garnitur „ziviler“ Kleidung dabeihaben. Das muss kein Smoking sein, aber lange Hose, frisches T-Shirt, Kleid sollten sich im Fahrtgepäck unterbringen lassen. Es ist nicht nur eine Frage des Respekts, in Restaurants mit gehobenem Anspruch nicht in verschwitzter Funktionskleidung aufzutauchen, man hat in frischer Wäsche auch mehr von dem Abend.

Apropos Gepäck. Was bei einer Tour immer dabei sein sollte, ist: Regenschutz, Sonnencreme, Wund-Desinfektionsmittel, Pflaster; das nötigste Werkzeug, also zumindest ein mobiles Set von Radwerkzeug, ein Reifen-Flickset und eine Pumpe oder CO_2-Patrone.

Außerdem Traubenzucker, Magnesium-Brausetabletten, Chamois-Creme, Salbe zur Behandlung von Insektenstichen. Ist man in einer Gruppe unterwegs, reicht es, das meiste davon einmal dabeizuhaben.

Zumindest kleine Beträge Bargeld sollten mitgenommen werden, denn auch wenn man bei den meisten Gastronomiebetrieben mit Karte zahlen kann, Fähren und Rollfähren akzeptieren nur Bares.

In diesem Sinne wünsche ich gute Fahrt,
Wind im Rücken, Luft in den Reifen und einen
gesegneten Appetit!

Ihr Florian Holzer

TOUR

1

Passau

Dreiländerstadt Passau. Inn, Donau und Ilz, braungrün der eine, blaugrau die andere, schwarz die dritte. Bischofssitz seit dem Jahr 739, Standort eines Doms, eines Opernhauses, einer Universität, einer fürsterzbischöflichen Residenz, der eindrucksvollen Festungen Oberhaus und Niederhaus und natürlich eines mächtigen Hauptzollamtes. Passau wurde unzählige Male durch Überschwemmungen zerstört, 1662 allerdings durch eine Feuersbrunst, was die Fürsterzbischöfe zum Anlass nahmen, zwei italienische Architekten zu engagieren, die der Altstadt ihr heutiges, durchaus italienisch anmutendes Gesicht verliehen.

Passau ist ein mittelalterlich-renaissancezeitlich-barockes Juwel, kein Wunder, dass die 50.000-Einwohner-Stadt jährlich an die 600.000 Übernachtungen zählt, dazu kommen noch etwa 1,5 Millionen Touristen im Zuge einer Flusskreuzfahrt.

Und nicht zuletzt: Passau ist die Heimat von drei nicht unwesentlichen Brauereien, bis zum Jahr 2008 waren es sogar noch fünf, wobei eine davon sogar einem österreichischen Brauunternehmen gehörte. In Passau gibt es Restaurants mit so ziemlich jeder Landesküche, ein paar wirklich bezaubernde Cafés und natürlich auch die Orte, an denen einheimisch niederbayerisch in all seiner Deftigkeit gespeist wird. Klar kann man in Passau aus dem Zug aussteigen und gleich losradeln, da täte man dieser schönen Stadt aber unrecht und sich selbst keinen Gefallen. Passau hat eine genüssliche Auseinandersetzung verdient.

←
Pralles niederbayerisches Genussleben: Am samstäglichen Passauer Wochenmarkt auf dem Domplatz verkaufen Bauern und Produzenten aus der Region ihre Waren.

Die Lokale, die ich Ihnen hier nahelegen möchte, fallen im Wesentlichen in zwei Kategorien: einerseits Cafés, in denen man hübsch sitzt, gut versorgt wird und einen angenehmen, aber raschen Eindruck von der Atmosphäre der Stadt bekommen kann. Und dann jene Lokale, um die ich als Österreicher die Bayern so beneide, ein atmosphärisch-kulinarisches Gesamtkunstwerk vergleichbar der französischen Brasserie, dem Wiener Kaffeehaus oder der neapolitanischen Pizzeria – der Biergarten.

Münchner werden sich über das Biergartenangebot in Passau kaum begeistern können, ich als Wiener kann es sehr wohl. Und da vor allem gleich über jenen vom **BAYERISCHEN LÖWEN**: Dieses 200 Jahre alte Traditionsgasthaus ist umgeben von Shoppingmalls, Cineplexx-Kinos, dem Busbahnhof, Parkhäusern und Veranstaltungshallen. „Neue Mitte" heißt dieser 2008 fertiggestellte Shopping-Stadtteil und ist das Erste, was man von Passau sieht, wenn man den Bahnhof verlässt, und erfordert reichlich mentale Stärke, um nicht gleich wieder in den Zug einzusteigen. Der Bayerische Löwe und sein Biergarten sitzen da drin wie das sprichwörtliche gallische Dorf.

Das Gasthaus selbst ist nicht weiter besonders, der Biergarten mit seinen zwölf uralten Kastanien, dem gekiesten Boden mit den Klappsesseln darauf aber ist wunderbar und für den Ankommenden eine erste Grußbotschaft Bayerns. Hier das Fahrrad nicht erst einmal abzusperren und sich gemütlich auf ein Glas Helles und eine Weißwurst hinzusetzen fühlt sich irgendwie nicht richtig an. Ja klar kommen Touristen her, wir sind ja selber welche, aber auch Einheimische sitzen da, trinken ihre Halbe und schnupfen „Schmalzler". Spezialität des Hauses sind – wie könnte es anders sein – Schweinshaxen, Krusten-Schweinsbraten aka Bradl, beide jeweils mit Biersoß, sowie die bayerische Ente mit Reibeknödel und Blaukraut. Das Bier stammt von der Innstadt-Brauerei, einer jener Passauer Brauereien, die leider nur mehr als Marke existieren. Es wird aber immerhin noch von einer Passauer Brauerei gebraut ...

Streckenprofil

Länge:
1,2 km (Minimaldistanz Hauptbahnhof-Innstadt)
Höhenunterschied:
maximal 12 Meter
Streckenzustand: mäßig
Sicherheit: hoch
Schwierigkeitsgrad: leicht
Ein- und Ausstiegsmöglichkeit:
Passau-Hauptbahnhof, Passauer Donauhafen mit 17 Anlegestellen

→ Der Passauer Dom St. Stefan, 1668 von italienischen Barockarchitekten erbaut, nachdem die Vorgängerkirche durch einen Brand zerstört wurde

Die Angerstraße am Nordufer der Donau, ein schmaler Saum zwischen Passauer Stadtberg und dem Strom, dem wir von hier an folgen

↑
Der Ratskeller ist zwar alt, wurde beim Hochwasser 2013 aber völlig zerstört. Und danach in altneuem Stilmix wieder aufgebaut.

↓
Auch so kann ein Alt-Passauer Gewölbekeller aussehen: Altes Gemäuer gemischt mit neuzeitlichem Interieur.

→
Die Brauerei Hacklberg sieht aus wie direkt aus dem Märchenbuch übernommen. Gebraut wird aber modern.

Die Ludwigstraße hat als kommerzieller Hauptkorso Passaus für Genussmenschen wenig zu bieten, hier regieren Fastfood und Filialketten, interessanter wird es am Donauufer, und da speziell am Rathausplatz. Denn hier findet sich am Alten Rathaus nicht nur der ikonische Anzeiger, bei dem die Hochwasserstände der vergangenen Jahrhunderte markiert sind, sondern auch der **RATSKELLER**, und das hat beides durchaus ein bisschen miteinander zu tun.

Denn der Ratskeller wirkt tatsächlich recht neu, irgendwie so, als hätten moderne Designer einen alten bayerischen Brauereikeller entworfen – Gewölbe, klassische Holzkassettenverkleidungen der Wände, alte Wappen an den Wänden in Kombination mit modernem Bistromobiliar und inszenierten Flaschenregalen. Der Hintergrund: Beim verheerenden Hochwasser 2013 stand der ursprüngliche Ratskeller bis zum Plafond unter Wasser, alles musste neu gemacht werden, und da machte man es gleich wirklich neu. Der Ratskeller hat auch einen weitläufigen Gastgarten am Rathausplatz, der natürlich gerne von Kreuzfahrtschiffpassagieren besucht wird, schließlich legen die gleich daneben an. Das merkt man der Karte an, „Tiroler Hochzeitsschnitzel", „Schwabenteller" und Ähnliches weisen stark in Richtung Pauschalangebot, es werden aber auch niederbayerische Klassiker wie Rindsroulade, Surbraten, halbe Ente und Schweinshaxe mit Dunkelbiersauce angeboten.

Noch 200 Meter weiter flussabwärts kommen wir zum **ALTEN BRÄUHAUS**, was zwar auch ein bisschen nach Touristennepp klingt, allerdings handelt es sich hier um ein wirklich interessantes Objekt: Denn Fürst Erzbischof Albrecht II. gründete diese Brauerei im Jahr 1333, Ende des 19. Jahrhunderts wurde daraus eine Mälzerei, nach dem Zweiten Weltkrieg eine Zuckerlfabrik und in den 1960er-Jahren sogar ein Knabeninternat. Erst 1996 wurde wieder eine Braustube draus, was mithilfe des Künstlers und Renovators Leopold Hafner auch recht gut gelang. Der Biergarten vor dem Lokal ist klein, aber oho, man hat einen prachtvollen Blick auf die Veste Oberhaus, auf die Prinzregent-Luitpold-Brücke und rüber zum Turm des Alten Rathauses. Die Karte ist gnadenlos bayerisch-deftig, und wie es sich gehört, gibt's auch reichlich Kleinigkeiten wie kalten Braten, Obazden, Würstel, Leberkas, Wurstsalat und anderes, was zum Bier halt so gut passt. Das hier übrigens aus der gräflichen Brauerei Arcobräu in Moos, etwa 40 Kilometer donauaufwärts, stammt.

Der spektakulärste Biergarten von Passau liegt etwa eineinhalb Kilometer außerhalb der Passauer Altstadt und auf der anderen Donauseite, und zwar im Ortsteil Hacklberg: Die **HACKLBERGER BRAUEREI** – ebenfalls einst von einem Bischof gegründet, auch schon seit 1675 vor Ort – zählt nicht nur zu den größten Brauereien Niederbayerns, sie sieht auch so aus, als hätte sie König Ludwig II. persönlich entworfen. Ein gelb-weißes Brauschloss, bei dem nur der hohe Schornstein auf die eigentliche Bestimmung schließen lässt. Und diese Brauerei hat ein Bräustüberl mit Biergarten, der fast schon kitschig ist, so toll: mit riesigen, uralten Bäumen, perfekt gepflegtem Kies, mit Pagoden als Schutz vor unerwartetem Regen und mit dem typischen Selbstbedienungspavillon, in dem man sich um wenig Geld die Biergartenklassiker wie Surbraten, Schweinswürstel mit Sauerkraut, Ripperl, Leberkäse, Radi und Wurstsalat holen kann. Ein Paradies!

Das beste „bayerische“ Essen außerhalb eines Bräustüberls oder Biergartens gibt es in Passau im **GOLDENEN SCHIFF**. Klar gehörte auch dieses wunderschöne Gasthaus, dessen Geschichte bis ins 13. Jahrhundert zurückreicht (das Haus, in dem es sich aktuell befindet, wurde 1750 gebaut) einmal einer Passauer Brauerei, wie könnte es anders sein. Peter Wolf übernahm es vor 36 Jahren als Student und schärfte über die Jahrzehnte das Profil des Lokals: regionale Produkte, vorwiegend biologisch, Fleisch nur von Betrieben, die respektvoll mit den Tieren umgehen, Nose-to-tail-Verarbeitung und eine

↓

Der „Paulusbogen", einst das Nordtor des mittelalterlichen Passau, heute Passage mit Erlebniswert in der Altstadt

↑

Mediterranes Altstadtgefühl an der Donau, mit dem Passauer Rathausturm statt einem Campanile

↓

Näher als im kleinen Lokal „Die Küche" kann man dem Inn kaum sein. Und über den „Fünferlsteg" kann man ihn auch gleich überqueren.

In Passau spricht man bayerisch, flaniert italienisch durch die Straßen und schätzt österreichische Küche.

etwas weiter gefasste Interpretation der bayerischen Küche, ergänzt um österreichische und italienische Einflüsse, wie es bei einem kulturellen Knotenpunkt wie Passau eigentlich auf der Hand liegt.

Auch hier schuf das Hochwasser 2013 Tatsachen, was Peter Wolf wiederum die Gelegenheit bot, das Goldene Schiff auch ästhetisch neu auszurichten: ein schlicht-elegantes, stolzes Gasthaus, das die Geschichte erahnen, sie aber nicht dominieren lässt ...

Das Goldene Schiff folgt den philosophischen Richtlinien der italienischen Vereinigung Slow Food, mit dem Effekt, dass man hier auch großartige Regionalküche bekommt, die sonst kaum auf den Karten steht, eine hinreißende Tellersulz etwa, Kalbslüngerl oder gepökelte Rinderzunge mit Salzkartoffeln. Und Achtung: Der Schweinsbraten wurde von einheimischen Auskennern schon als einer der besten seit Langem bezeichnet. Für laue Sommerabende gibt's sowohl einen kleinen Gastgarten im Hinterhof als auch einen Schanigarten auf der Gasse, der durchaus italienische Anmutung verströmt.

↑ Goldenes Schiff: die beste bayerisch-österreichische Küche Passaus, mit Slow Food-Segen und italienischem Flair

Und jetzt zu den Cafés und Bistros: Ein ganz wunderbarer Platz ist das kleine Lokal **DIE KÜCHE** im Univiertel unmittelbar an der Fußgängerbrücke über den Inn namens „Fünferlsteg". Der Name rührt daher, dass von 1916 bis in die 1970er-Jahre Brückenzoll bezahlt werden musste, das heutige Lokal war wohl einmal das Wärterhäuschen. Besonders reizvoll hier ist der Gastgarten unmittelbar an der Innpromenade unter einem eindrucksvollen Blauglockenbaum. Zu essen gibt's hausgemachte Kuchen, Salate,

↑ Das Rosmarino unmittelbar am Stadttor Innbrückbogen hat einen der bezauberndsten Schanigärten der Stadt.

Curry, Antipasti und natürlich Weißwürste, dazu ein paar hübsche Weine und guten Kaffee.

650 Meter die Innpromenade flussabwärts kommen wir zum **ROSMARINO**, der Küche nicht ganz unähnlich: Denn auch dieses kleine Lokal war einmal Teil einer Brücke, diesmal aber der mittelalterlichen Innbrücke. Nach den letzten Hochwasserschäden wurde da von Architekten ein bezauberndes, kleines Café mit einem der romantischsten Gastgärten der Stadt draus gemacht, die Lage zwischen dem Fluss und dem eindrucksvollen mittelalterlichen Stadttor Innbrückbogen, die uralte Platane und dann auch noch sehr guter Kaffee und verschiedene Arten Lasagne direkt aus der Vitrine – schon wieder kommt uns das sehr italienisch vor.

Auch ein sehr hübsches Plätzchen ist das **CAFÉ SCHÖFFBERGER** in einem Seitengässchen des sonst gastronomisch kaum genutzten Domplatzes: Es wurde 2010 aus einem ehemaligen Schuhgeschäft aus den 1960er-Jahren gemacht. Das wunderbare Mid Century-Design, die typischen Regale, der alte Parkettboden blieben erhalten, statt bunter Pumps oder elegantem Herrenschuh wurden in den Auslagen aber kleine 1950er-Jahre-Tischchen untergebracht und auf der Theke steht die Espressomaschine. Ein wunderbarer Design-Kontrast zu den sonst eher entweder besonders alt oder besonders neu wirkenden Lokalen der Stadt, innenarchitektonisch eines der Highlights.

Das Café Schöffberger gehört zum benachbarten Lokal namens **ANTON**, einem der besten Frühstückslokale (Frühstück bis 14 Uhr!) der Stadt. Innen verströmt das Lokal mit seiner Rohziegeltheke, den alten Gewölben und den Messingleuchten eine durchwegs mediterrane Anmutung, der kleine Hinterhofgarten erinnert mit seinen Teakholz-Kabinen und dem alten,

↑ Café Schöffberger: Wo bis 2010 noch Schuhe verkauft wurden, trinkt man heute gepflegten Kaffee im Mid Century-Design.

↓ Das Flair der Schuhboutique aus den 1960ern blieb erhalten, statt Pumps sitzt man aber selbst in der Auslage ...

←
Rupert Bachl ist Passaus Delikatessen-Zeremonienmeister. In seinem Laden hat er alles, was köstlich ist.

In den Regalen des 1989 gegründeten Delikatessengeschäfts findet man Gutes aus Österreich, Italien, Frankreich – und Passau.

→
Barocke Pracht an der Rückseite des Doms, am Residenzplatz, wo das Café Minoo zweifellos den besten Schanigarten hat

Zur norditalienischen Atmosphäre am Residenzplatz gibt's im Minoo passend Cappuccino, Focaccia & Co.

knorrigen Olivenbaum fast ein bisschen an ein japanisches Teehaus. Das Anton verfügt über eine interessante Weinauswahl, bezieht hervorragenden Kaffee von einer Klein-Rösterei aus Hamburg. Früher hätte man zu den „coolen" Lokalen Passaus gezählt, mittlerweile wurde das Anton aber auch schon von den Touristen entdeckt, erfährt man, „und die wollen alle nur unseren Apfelstrudel und Vanillesauce".

Am stimmungsvollen Residenzplatz verfügt die elegante Tagesbar **MINOO** über den zweifellos besten Gastgarten, nämlich auf der Estrade vor dem Eingang der Dombauhütte mit perfektem Blick über den Platz und den Wittelsbacherbrunnen.

Für den Fall, dass auf der ersten Etappe ein Picknick am Plan steht, gibt es in Passau leider nicht allzu viele Quellen für interessante Feinkost, die zwei sind allerdings super: Massimo Samoggia eröffnete 2022 seinen kleinen, sehr appetitlichen und noch mehr italienischen Laden **LEO E LUNA**. In seinen Vitrinen findet sich ausschließlich feinste Ware kleiner Hersteller aus der Toskana und der Emilia Romagna, „nichts Industrielles!". Auch Weine, hochwertige Konserven findet man im Regal, der Ware kann man allerdings kaum widerstehen, zum Glück schneidet er sie auch für den sofortigen Genuss an zwei kleinen Tischchen in der Grabengasse auf.

Und dann ist da natürlich **RUPERT BACHL**, gewissermaßen der Feinkost-Grandseigneur in Passau: 1989 gründete er seinen Feinkostladen, in seinen dicht gestellten Regalen und gut bestückten Vitrinen findet sich so ziemlich alles Gute aus Italien, Spanien, Österreich und Bayern, „was sich halt verkaufen lässt". Auch nach Spezialitäten aus Passau und seinem unmittelbaren Umland forscht Rupert Bachl, so hat er etwa den erstklassigen Bohnenkaffee der 1929 gegründeten Rösterei Beham im Programm und sogar einen Passauer Wein. Auch hier gilt: Sollte einen der Appetit unverzüglich ereilen, gibt es kleine Tischchen, an denen sich die Schinken, Würste und Käse spontan verzehren lassen.

Passau ist nicht nur Ausgangspunkt des Donauradweges, sondern auch beliebte Station von Donaukreuzfahrtschiffen.

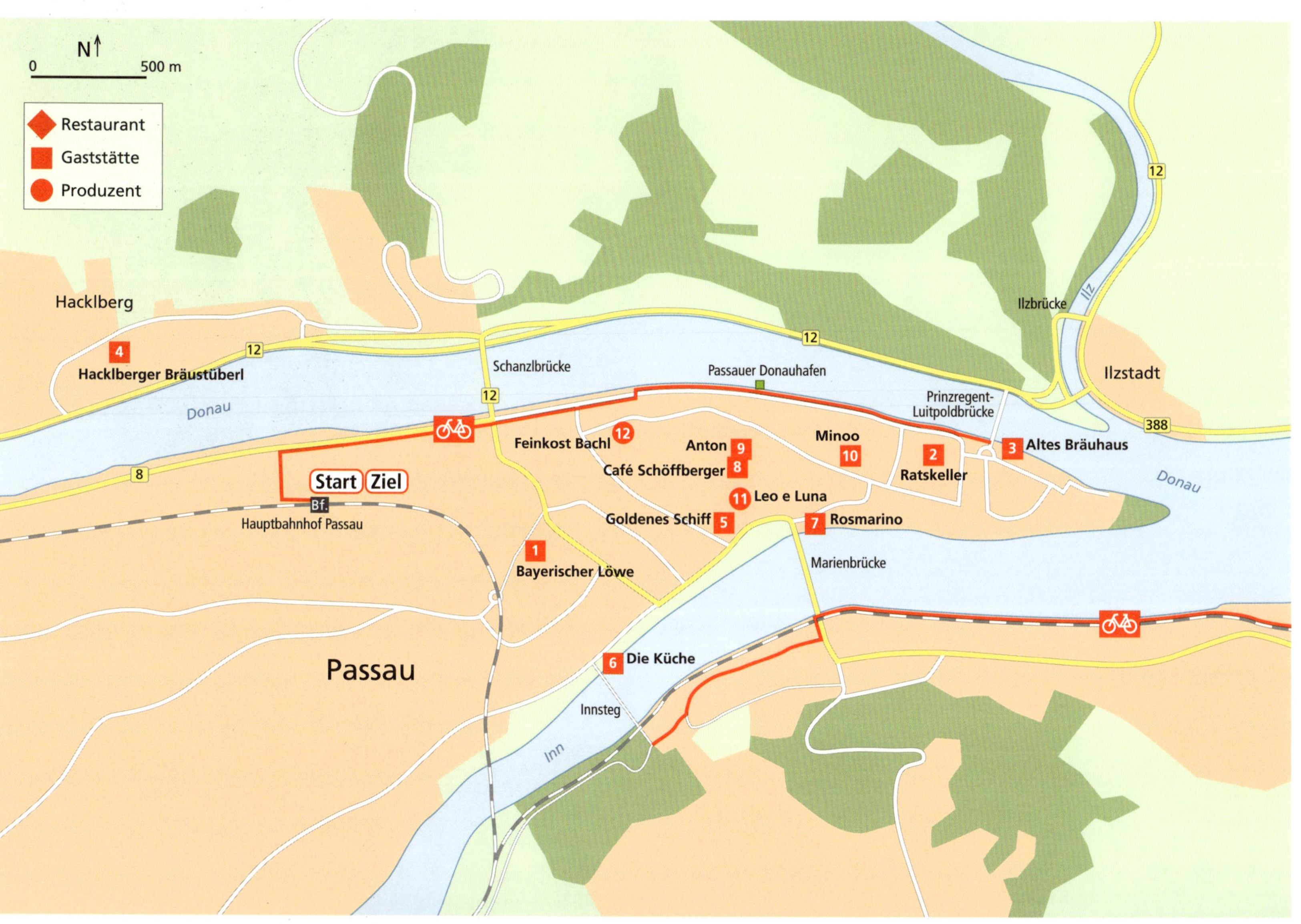

N
0
500 m
Restaurant
Gaststätte
Produzent
Hacklberg
4 Hacklberger Bräustüberl
12
Donau
8
Schanzlbrücke
12
Start
Ziel
Bf.
Hauptbahnhof Passau
Feinkost Bachl
12
Anton 9
Café Schöffberger 8
11 Leo e Luna
Goldenes Schiff 5
1 Bayerischer Löwe
Passauer Donauhafen
12
Minoo
10
2 Ratskeller
7 Rosmarino
Marienbrücke
Prinzregent-
Luitpoldbrücke
3 Altes Bräuhaus
Ilzbrücke
Ilz
Ilzstadt
388
Donau
6 Die Küche
Innsteg
Inn
Passau

Die Lokale

1 Bayerischer Löwe

94032 Passau, Dr. Hans-Kapfinger-Str. 3,
Tel. +49 851/958 010, tägl. 10.30–22 Uhr,
www.wirtshaus-passau.de

2 Ratskeller

94032 Passau, Rathausplatz 2,
Tel.+49 851/379 39 050, tägl. 11–23 Uhr,
www.ratskeller-passau.de

3 Altes Bräuhaus

94032 Passau, Bräug. 5,
Tel. +49 851/490 52 52, tägl. 10–24 Uhr,
www.altes-braeuhaus.de

4 Hacklberger Bräustüberl

94034 Passau, Bräuhauspl. 7,
Tel. +49 851/583 82, Di–So 10–23 Uhr,
www.hacklberger-braeustueberl.de

5 Goldenes Schiff Passau

94032 Passau, Unterer Sand 8,
Tel. +49 851/344 07, Mo–Sa 11–24, So 11–15 Uhr,
www.goldenesschiff.de

6 Die Küche

94032 Passau, Innstr. 21,
Tel. +49 851/989 04 935, tägl. 8–22 Uhr,
www.diekueche-passau.de

7 Rosmarino

94032 Passau, Gottfried-Schäffer-Str. 1,
Tel. +49 851/201 53 876, tägl. 10–22 Uhr,
www.rosmarino-passau.de

8 Café Schöffberger

94032 Passau, Luragog. 3,
Tel. +49 851/988 51 66, tägl. 9–18 Uhr,
www.cafe-anton.de

9 Anton

94032 Passau, Luragog. 1,
Tel. +49 851/988 51 65, tägl. 9–23 Uhr,
www.cafe-anton.de

10 Minoo

94032 Passau, Große Messerg. 2,
Tel. +49 851/966 65 788, Di–Sa 9–18,
So 10–18 Uhr, www.facebook.com/cafeminoo

11 Leo e Luna

94032 Passau, Grabeng. 27,
Mo–Fr 9–19.30, Sa 9–14 Uhr

12 Feinkost Bachl

94032 Passau, Roßtränke 13,
Tel. +49 851/317 13, Mo–Fr 9–17, Sa 9–13 Uhr,
www.bachl-feinkost.de

TOUR

2

Donauengtal, Schlögener Schlinge

Die sogenannte Schlögener Schlinge ist zweifellos so etwas wie die Königsetappe des Donauradwegs. Und zwar nicht nur wegen der eindrucksvollen Landschaft des oberen Donauengtals, sondern auch, weil sie zu den längsten Distanzen der ganzen Tour zählt. Ein- und Ausstiegsmöglichkeiten gibt es hier – bis auf Schiffsanlegestellen – keine. Ein früher Start, regelmäßige Pausen, gute Einkehren und ein gesichertes Bett am Ende der Etappe sind hier entscheidend für das Wohlbefinden.

Die Schlögener Schlinge gilt als „Naturwunder Oberösterreichs", der kurvige Weg durch das Granit der böhmischen Masse ist der größte „Zwangsmäander" Europas, und was sich so ganz und gar unkomfortabel anhört, stellt schließlich eine Strecke dar, bei der einem vor lauter fantastischen Perspektiven und Ausblicken das Herz frohlockt.

Was natürlich auch dazu führt, dass auf diesem Abschnitt des Donauradweges ganz schön viel Verkehr herrscht, und zwar in beide Richtungen, und in weiterer Folge, dass auch die hier empfohlenen Lokale gut besucht sind, zumindest bei Schönwetter und am Wochenende.

←
Die Schlögener Schlinge, gemeinsam mit der Wachau zweifellos einer der Höhepunkte des Donauradwegs. Pures Radlerglück.

Donauengtal-Idylle unmittelbar nach der Schlögener Schlinge, eine vermeintliche Einheit von Wasser, Wald und Radweg

Streckenprofil

Länge: 70 km
Höhenunterschied: eben
Streckenzustand: unterschiedlich
Sicherheit: streckenweise über Landstraßen
Schwierigkeitsgrad: sehr leicht, aber lang
Ein- und Ausstiegsmöglichkeit: Passau-Hauptbahnhof, Schiffsanlegestellen Engelhartszell I–III, Anlegestelle Wesenufer, Schlögen, Obermühl, Untermühl, Aschach

Dieser Teil des Donauradwegs führt uns durch zwei Länder und drei oberösterreichische Regionen, nämlich das Innviertel, das Hausruckviertel und das Mühlviertel. Es gibt also viel zu radeln, fangen wir an. Und zwar zuerst mit einem guten Kaffee am zentralen Kirchenplatz des Passauer Stadtteils Innstadt jenseits des Inns. Hier betreibt Stephan Bauer seit 2010 das **KAFFEEWERK**, eine moderne Kaffeebar, die mit ihrer urbanen Attitüde durchaus einen reizvollen Kontrast zum historischen Kirchenplatz darstellt. Und nicht nur das, Stephan Bauer röstet gemeinsam mit Markus Büttner mitten im bayerischen Wald auch selbst Kaffee, und zwar nachhaltig angebauten und fair gehandelten. Und sollte sich schon der Appetit melden, bekommt man hier auch noch Quiches, Croque Monsieur, Grilled Cheese Sandwich, Breze mit Hummus und jeden Freitag ab 11 Uhr ein Weißwurst-Frühstück.

Das ist gut zu wissen, denn bis zur nächsten empfehlenswerten Labe sind es immerhin doch fast 25 Kilometer – und die sind nicht ganz unbeschwerlich: Konkret startet der Donauradweg in Passau eher mühsam, muss man sagen. Über einen engen, steilen Eselssteig namens Schiffmühlgasse zum schmalen, von Brennnesseln überwucherten und mit tiefen (und gefährlichen) Schotterlöchern versehenen Innstadtbahnhofweg. Das wird bis zur Landesgrenze nicht mehr viel besser, die kommt zum Glück aber eh bald. Der Streckenzustand auf oberösterreichischem Gebiet ist gepflegt und tadellos ausgebaut, das Problem hier besteht allerdings darin, dass man ständig die Landesstraße 130 überqueren muss (ich hab beim zehnten Mal zu zählen aufgehört), was erstens nicht ungefährlich ist und zweitens ein zügiges Vorwärtskommen verhindert.

Auf der Höhe von Dietzendorf gewinnt die Strecke dann an landschaftlichem Profil, vorbei an Burg Krempelstein, die sanfte Donaukurve bei Pyrawang stimmt einen schon ein bisschen auf das ein, was in Schlögen noch kommt.

← Natur pur. Phasenweise fährt man hier nicht durch den Wald, sondern mit dem Wald. Nachteil der Unberührtheit: wenig Infrastruktur.

→ Das steile Südufer im Donauengtal teilen sich die Radler mit der Nibelungenstraße. Und müssen sie oft queren …

←
Aus einer ehemaligen Jausenstation am Kraftwerk Jochenstein wurde das elegante Bernhards Restaurant mit tollem Donaublick.

↑ →
Stift Engelszell: Österreichs einziges Trappistenkloster und Heimat großartiger Trappistenbiere

Das Kraftwerk Jochenstein ist normalerweise eine gute Gelegenheit, ans linke, ab hier etwas hübschere Donauufer zu wechseln, bei Verfassen dieses Buchs im Sommer 2023 wurde es allerdings gerade renoviert und konnte nicht passiert werden. Einerseits schlecht, andererseits eine Gelegenheit, in **BERNHARDS RESTAURANT** einzukehren, einem der bemerkenswertesten Gastronomieprojekte im oberen Bereich des Donauradweges: 2017 übernahmen Gastronomin Christina Bernhard und Küchenchef Daniel Kristl den Familienbetrieb, einen Bauernhof mit Jausenstation, und machten daraus ein modernes, elegantes Restaurant mit vollverglastem Speisesaal, der einen schönen Blick auf Donau, Kraftwerk und Schleuse gewährt. Der Jausentradition blieb man zwar treu, die gibt es immer noch, Kristl legt aber auch eine beachtliche Speisenfolge vor, bei der es im Wesentlichen darum geht, oberösterreichische Klassiker quasi neu zu erfinden.

Bis zur nächsten sehr empfehlenswerten Genusstankstelle ist es nicht weit, nämlich nur drei Kilometer: dem Stift Engelszell in Engelhartszell. Hier existiert seit 1929 das einzige Trappistenkloster Österreichs, die schweigsamen Mönche erzeugen bittere Klosterliköre und Honig, den Peter Krammer, einer der kreativsten Braumeister Österreichs, für seinen Honigbock verwendete. So lernte man einander kennen und tauschte Ideen aus. Mit dem Effekt, dass die Patres 2012 eine **TRAPPISTENBRAUEREI** errichteten, aus der mit Krammers Hilfe seither österreichisches Trappistenbier – Blonde, Dubbel und Triple – kommt. Kleine Info am Rande: Diese vor allem in französischen und belgischen Klöstern gebrauten Biere sind streng limitiert, halten quasi ewig und werden unter Sammlern weltweit um hohe Summen gehandelt.

Die schlechte Nachricht: Aufgrund des hohen Alters der letzten vier Mönche wird das Stift aufgelöst, an einer Regelung für die wirtschaftlichen Belange, darunter auch die Brauerei, wurde bei Redaktionsschluss noch gearbeitet, die Biere wird es wohl weiterhin geben, ob es dann noch original Trappistenbiere sind, wird man sehen …

Schlögen, einst ein prekärer Ort für die Donauschiffer, heute Sehnsuchtsziel für Radler aller Leistungsklassen

←
Das Kraftwerk Jochenstein verbindet Deutschland und Österreich – und ist die erste feste Querungsmöglichkeit seit Passau.

↓
Der Weg ist das Ziel, ob mit dem Donauschiff oder auf dem Fahrrad, jeden Moment zu genießen, lautet die Devise.

Approaching Schlögen: Die Tour ist auf beiden Seiten eindrucksvoll, am linken Ufer gehört uns die Strecke hier aber ganz alleine.

Die Etappe ist lang, landschaftlich äußerst eindrucksvoll und hat kulinarisch viel zu bieten. Da heißt es: früh starten.

Eine Pause zu machen ist auch eine spezielle Kulturform. Hier im Donauengtal hat man diese Disziplin zur Meisterschaft gebracht.

↑ Das Berndlgut Pumberger ist eine Pflichtstation. Nicht nur, weil man hier mit der Fähre übersetzen muss, sondern weil es hier so schön ist.

← Selbst gemachte Schinken, Würste, Käse, Säfte und Schnäpse. Hier fühlt man sich wie ein willkommener Gast, perfekte Belohnung.

→ Erich Aumüller, einer der letzten Donaufischer, serviert den morgendlichen Fang im familiengeführten Gasthaus.

Wenn auch nicht übers Kraftwerk, mit der Radfähre Engelhartszell kommen wir auf jeden Fall ans andere Ufer, vorbei an der stolzen Burg Schloss Rannariedl, durch Niederanna und Freizell, die Renovierung von Schloss Freizell ist bei Erscheinen des Buchs vielleicht schon beendet, Haichenbach wird wohl auch dann noch eine Ruine sein.

Macht aber nichts, weil wir sind jetzt da, hier ist die Schlögener Schlinge. Und damit auch eines der kulinarischen Highlights der Etappe, das man auf keinen Fall auslassen sollte: das **BERNDLGUT PUMBERGER**. Ja, es ist „nur" ein Bauernhof mit Jausenstation (und Fähre), allerdings mit seinen alten Streuobstwiesen inmitten des Busens der Donauschlinge halt die absolut perfekte Location. Fast alles, was man hier bekommt, wird selbst angebaut oder hergestellt, die Frischkäse und Käse, die Lammwürste, der herrliche Birnensaft sowieso. Der eigene Dinkel wird zu hausgemachten Obstkuchen verbacken und sosehr man auch bittet und bettelt, die hausgemachte Käswurst gibt's nicht zum Mitnehmen, die bekommt man nur hier auf's Brot. Soll sein, ein Fläschchen hausgebrannter Schnaps ging mit auf die Reise, die Wahl zwischen runder Landlbirne, Asperl, Kriecherl, Kletzenbirne, rauchigem Obstler und reifer Zwetschke fiel schwer, die Zwetschke gewann.

In Au muss man mit der Fähre ans rechte Donauufer, die Inzeller Kurve ist ein Traum, hier muss man jeden Meter genießen, nach der nächsten Biegung kommen wir nach Kobling und hier zu einer Fähre, mit der auch Autos transportiert werden können und deren Benutzung ich sehr empfehle. Denn sie bringt uns nach Obermühl und hier zum **GASTHOF AUMÜLLER**. Die kurze Distanz zwischen Berndlgut und Gasthof Aumüller ist nicht ganz unproblematisch, denn die Jause beim einen sollte unbedingt Platz für ein Essen beim anderen lassen. Erich Aumüller ist nämlich einer der allerletzten Donau-

↓

Das Faustschlössl war schon vieles, unter anderem Schauplatz gruseliger Sagen. Seit den 60ern ist es ein Restaurant.

↑

Ausblick vom martialischen „Kettenturm“ des Schloss Neuhaus auf die malerische Donaubucht von Untermühl

↓

Die Donau zu kontrollieren und Maut einzuheben war einst Haupteinnahmequelle der Burgherren. So auch im Schloss Neuhaus.

fischer in ganz Österreich, das heißt, mit etwas Glück und wenn man nicht allzu spät einkehrt, könnte es sein, dass es das, was auf der Karte als „Donaufisch, im Ganzen gebraten" steht, noch gibt. Brachsen können das sein, Rotaugen oder andere Weißfische, nein, vor Gräten sollte man bei diesen Kollegen keine Angst haben, aber wer die Donau schmecken will, muss da durch. Sollte der Donaufisch schon aufgegessen oder das Petriheil nicht gnädig gewesen sein, empfiehlt sich als Alternative das Wildragout, weil Jäger ist der Erich Aumüller nämlich auch.

Auf dieser Seite der Donau können wir in weiterer Folge auch bleiben, nach knapp sechs Kilometern erwartet uns in der Exlau die nächste wunderschöne Spitzkehre der Donau, wir passieren den Gasthof in der Exlau mit seinem Wikingerdorf und seinen beiden Drachenbooten und kommen nach weiteren fünf Kilometern nach Untermühl.

Hier mündet die Große Mühl – der Fluss, der dem Mühlviertel seinen Namen gibt – in die Donau, was ein absolut malerisches Bild ergibt: Die Donaukehre bildet hier eine Art Fjord, in dessen ruhigem Wasser eine große Gruppe von Schwänen lebt, zwei Jachthäfen haben hier Platz, hoch über Untermühl residiert die Feste Neuhaus, auf einem Fels knapp über der Wasserlinie erinnert der sogenannte Lauerturm daran, dass die Burgherren – die gräflichen Schaunberger – ihr Geld hier einst mit Maut und Wegezoll verdienten. Die Szenerie erinnert jedenfalls fast schon an eine Kulisse einer Richard-Wagner-Oper. Und mittendrin der **GASTHOF ERNST** mit schönbrunnergelber Fassade und Arkadenbalkonen. Davon, dass das Haus schon seit dem Jahr 1594 existiert und aktuell in sechszehnter Generation (!!!) geführt wird, merkt man leider nicht mehr viel, beim Gasthof Ernst handelt es sich um eine klassisches Ausflugslokal, das auch größere Gruppen verköstigen kann, falls etwa ein Schiff anlegt oder geführte Radgruppen Rast machen. Die Karte rühmt sich, „mühlviertlerisch" zu sein, was man aber nicht allzu ernst nehmen muss, klassische Gasthausküche auf zuverlässigem Niveau.

Burgen, Schlösser, Engstellen, Fähren und einstige Mautstationen – im Donauengtal kann man das Mittelalter noch leibhaftig spüren.

↑
Das ist einmal was wirklich anderes: ein Wikingerschiff in der Exlau. Gegen Voranmeldung kann man hier in die Riemen greifen.

Ein nicht unwesentlicher Teil der kleinen Ortschaft Untermühl besteht aus dem Gasthof und Landhotel Ernst. Zwei Jachthäfen gibt's auch.

←
Steckerlfisch muss auch einmal sein. Okay, bei Jumbo's Würstelstand in Aschach kommen die Fische zwar nicht aus der Donau, aber dafür legen Donauschiffer hier an.

→
Die Donau ist auch eine Handelsroute für Schwertransporte. Bei Jumbo's wird einem das deutlicher als sonst wo.

Getreidesilos in Aschach an der Donau, die Kathedralen großindustrieller Landwirtschaft

Nachdem der Radweg auf dieser Donauseite erst wieder nach etwa einem Kilometer befahrbar ist, überqueren wir per Radfähre Kaiserau wieder die Donau, genießen den fantastischen Ausblick und machen uns weiter auf den Weg in Richtung Aschach. Das Kraftwerk – in den frühen 1960er-Jahren einst Europas größtes Laufkraftwerk – kommt bald in Sicht, ist allerdings nicht befahrbar, eineinhalb Kilometer weiter sind wir dann in dem kleinen Ort mit einer Geschichte, die bis in die Völkerwanderungszeit zurückreicht. Aschach vermittelt mit der historischen Fassadenzeile an seiner Donaulände einen fast schon südlichen Eindruck. Hier ist das lange Donauengtal zu Ende, hier öffnet sich das Tal ins Eferdinger Becken.

Das gastronomische Angebot Aschachs ist leider dürftig und beschränkt sich auf Konditoreien und Pizzerien. Zumindest originell und bei Einheimischen durchaus beliebt ist der **JUMBO'S WÜRSTELSTAND** unmittelbar unter den Getreidesilos des Aschacher Industriekomplexes, der immerhin mit der Besonderheit aufwarten kann, über eine Anlegestelle für Lastkähne zu verfügen. Das heißt, ab und zu legt ein Donauschiffer hier sein schwer beladenes Donauschiff an, das vielleicht schon vom Schwarzen Meer her auf der Donau unterwegs ist, und kehrt auf eine Käsekrainer oder einen Makrelen-Steckerlfisch ein. Das hat schon was.

Nicht zu übersehen ist das **FAUSTSCHLÖSSL** auf der gegenüberliegenden Donauseite, erreichbar über die Donaubrücke (Achtung, die Radspur verläuft auf der linken Seite der Brücke). Zahlreiche Legenden ranken sich um die wohl schon um 1500 erbaute Mautstation, die im Lauf der Jahrhunderte immer wieder aus- und umgebaut wurde, Dr. Faust und der Teufel kommen dabei in den unterschiedlichsten Varianten vor, womit der weitere Name des Hauses schon einmal feststand. Seit dem Jahr 1966 betreibt Familie Zauner das Faustschlössl als Hotel und Restaurant, der Hauch der 1960er-Jahre ist durchaus noch zu spüren, wobei mit einem attraktiven Badestrand an der Donau und einem Fahrradverleih durchaus auch die Gegenwart Einzug hält. Die Standardkarte ist liebenswert altmodisch, bei der Saisonkarte traut man sich mehr, immer noch sehr klassisch, aber soll sein. Ein guter Abschluss der Königsetappe.

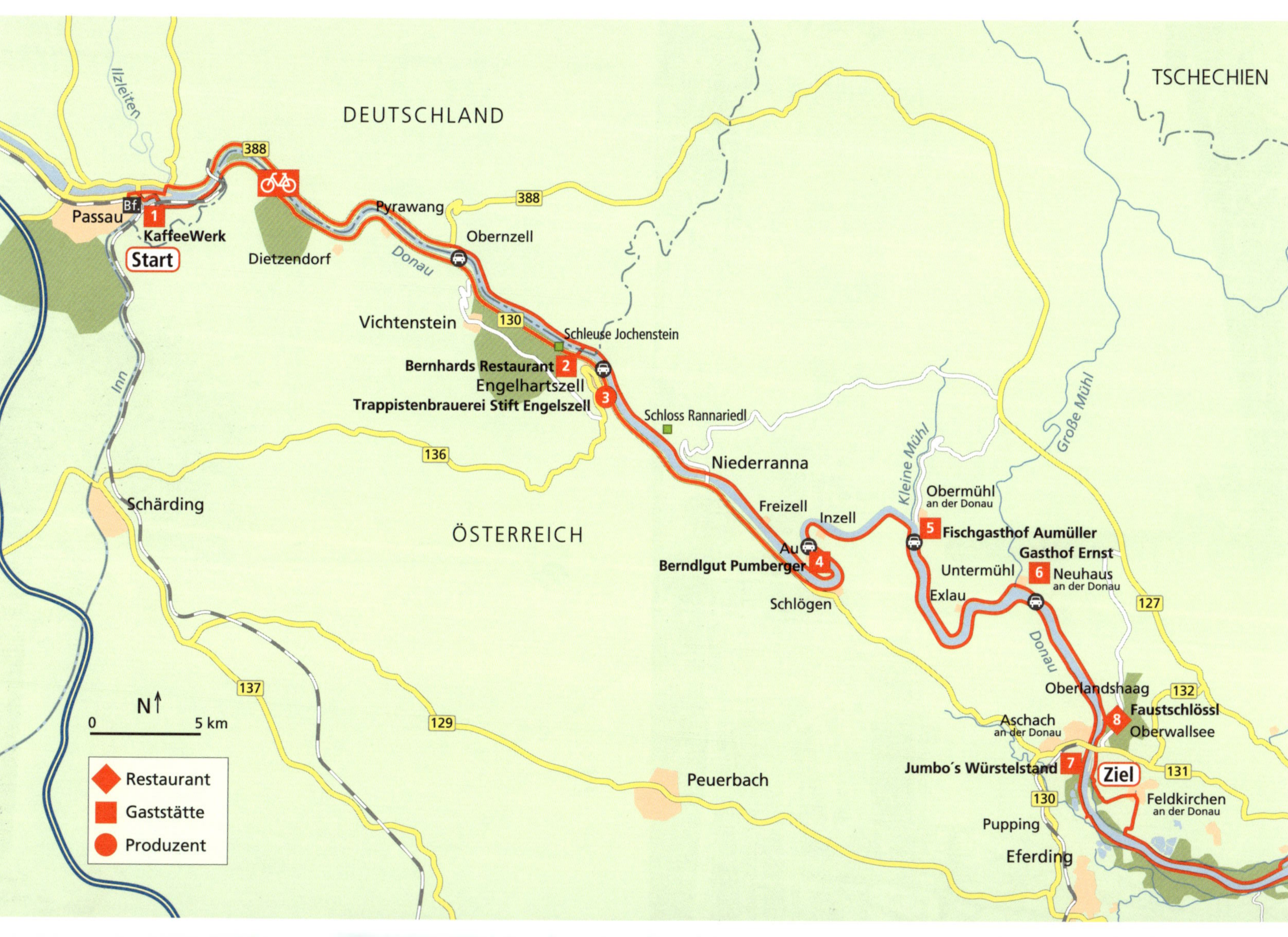
TSCHECHIEN
DEUTSCHLAND
ÖSTERREICH
Ilzleiten
Passau
Bf.
1 KaffeeWerk
Start
388
Dietzendorf
Pyrawang
Obernzell
Donau
Vichtenstein
130
Schleuse Jochenstein
2 Bernhards Restaurant
Engelhartszell
3 Trappistenbrauerei Stift Engelszell
Schloss Rannariedl
Niederranna
136
Inn
Schärding
Freizell
Inzell
Au
4 Berndlgut Pumberger
Schlögen
Kleine Mühl
Große Mühl
Obermühl
an der Donau
5 Fischgasthof Aumüller
Gasthof Ernst
6 Neuhaus
an der Donau
Untermühl
Exlau
127
Oberlandshaag
132
8 Faustschlössl
Oberwallsee
Aschach
an der Donau
7 Jumbo´s Würstelstand
Ziel
131
Feldkirchen
an der Donau
Pupping
Eferding
137
129
Peuerbach
N
0
5 km
Restaurant
Gaststätte
Produzent

Die Lokale

1 Kaffeewerk
94032 Passau, Kirchenpl. 3,
Tel. +49 851/2014, Mo–Sa 10–20, So 13–20 Uhr,
www.kaffeewerk-passau.de

2 Bernhards Restaurant
4090 Engelhartszell, Maierhof an der Donau 17,
Tel. 07717/8123, Do–Sa 11–14, 17.30–21,
So 11–19 Uhr (Küchenzeiten),
www.bernhards-restaurant.at

3 Trappistenbrauerei Stift Engelszell
4090 Engelhartszell, Stiftstr. 6,
Tel. 07717/8010, tägl. 10–18 Uhr,
www.stift-engelszell.at

4 Berndlgut Pumberger
Jausenstation Zur Fährfrau, 4085 Au 1,
Tel. 07285/6317, Do–Di 10–22 Uhr,
www.radfaehre.at

5 Fischgasthof Aumüller
4131 Obermühl an der Donau 13,
Tel. 07286/7216, Okt. bis April Fr–Mo,
Mai bis Aug. Fr–Di 11–19.30 Uhr,
www.fischgasthof.at

6 Gasthof Ernst
4114 Neuhaus an der Donau, Untermühl 4,
Tel. 07232/2919, Mai–Aug. So–Do 8–22,
Fr, Sa 8–23 Uhr, September Mi Ruhetag,
Okt. bis April Di, Mi Ruhetag,
www.gasthof-ernst.at

7 Jumbo's Würstelstand
4082 Aschach an der Donau, Brandstätterstr. 1,
Tel. 07273/7280, Mi–So 8.30–21 Uhr

8 Faustschlössl
4101 Feldkirchen, Oberlandshaag 72,
Tel. 07233/7402, Do–Mo 16–21 Uhr,
www.faustschloessl.at

TOUR

3

Eferdinger Becken

Das Eferdinger Becken – eine knapp 20 Kilometer lange Senke zwischen den Hügeln des Oberen Mühlviertels im Norden, dem Sauwald im Westen, den Scharten im Süden und dem Kürnberger Wald im Osten – gilt nicht unbedingt als die schillerndste Passage des Donaustroms in Österreich. Weder landschaftlich noch kulinarisch, und einen tollen Namen hat das Eferdinger Becken auch nicht gerade abbekommen.

Was diese Region dafür zu bieten hat, ist ein unglaublich fruchtbarer Boden, weshalb das Eferdinger Becken – sowohl nördlich als auch südlich der Donau – als der Gemüsegarten Oberösterreichs gilt. Vor allem durch den Anbau, die mühselige Ernte (mit den sogenannten „Gurken-Fliegern") und die industrielle Verarbeitung zu den in der österreichischen Küche unverzichtbaren „sauren Gurkerln" brachte es Eferding und seine Umgebung zu Berühmtheit.

←
Eferding mag vielleicht für seine sauren Gurken berühmt sein, Eferding hat allerdings auch ein Schloss aus dem späten 18. Jahrhundert.

Auch so geht Donauradweg: Zwischen Aschach und Feldkirchen führt die Strecke durch fruchtbare Landwirtschaftsgebiete und malerische Streuobstwiesen.

Wir beginnen die Etappe im kleinen, an die Donau geschmiegten Ort Aschach, dessen malerischer Kai in krassem Widerspruch zur dominanten Donaubrücke und den dahinter liegenden riesigen Getreidesilos eines agroindustriellen Komplexes steht.

Hier stehen wir vor der Wahl, die Donau zu überqueren, dem Donauradweg am nördlichen Ufer zu folgen und so nach 7,5 Kilometern Zickzack-Kurs über die Radroute namens „Eferdinger Landrunde" zur Freizeitanlage Feldkirchen zu gelangen. Die nicht nur über Badeseen, einen Motorikpark, eine Jetskianlage, einen Campingplatz und eine 18-Loch-Golfanlage verfügt, sondern mittendrin auch über das Restaurant **THALHAMMER'S**.

Für ein Badeteich-Terrassen-Erlebnis-Restaurant ist das Thalhammer's gar nicht schlecht, muss man sagen. Das Interieur wirkt zwar ein bisschen wie direkt aus dem Möbelhaus, aber auf der Speisekarte schafft man den Spagat zwischen Mühlviertler Bodenständigkeit und international angehauchter Szeneküche eigentlich ganz gut. Ein Pluspunkt sind auf jeden Fall die regionalen Zutaten und ein hoher Grad an hausgemachter Ware; dass die Frittaten oder die gebackenen Leberknödel selbst hergestellt werden, ist mittlerweile ja keinesfalls selbstverständlich. Nach weiteren zehn wenig ereignisreichen Kilometern entlang der Donau gelangen wir so nach Ottensheim.

Streckenprofil

Länge: 27 bzw. 45 km
(in der beschriebenen Variante)
Höhenunterschied:
eben (200 m mit Spitzwirtin)
Streckenzustand: sehr gut
Sicherheit: streckenweise
über Landstraßen
Schwierigkeitsgrad: sehr leicht
Ein- und Ausstiegsmöglichkeit: Bahnhof Eferding,
Anlegestelle Donaubus Ottensheim,
Bahnstation Dürnberg,
Bahnstation Achleitnersiedlung,
Bahnstation Puchenau West,
Bahnhof Linz-Urfahr

← Ursprünglich ein Badebuffet, wurde das Thalhammer's in den vergangenen Jahren zum eleganten Teich-Restaurant.

→ Aus fünf Teichen wurde der Freizeitpark Feldkirchen gemacht, mit Golfplatz, Restaurant und allen nur denkbaren Wassersportmöglichkeiten.

↑
Die erste Rollfähre der Tour: Von der Strömung der Donau angetrieben gelangt man von Wilhering rüber nach Ottensheim.

Oder aber wir folgen der Donau am rechten Ufer entlang des Aschachbachs, vorbei an Baggerteichen sowie den ersten Gemüsefeldern, bis wir zum kleinen Jachthafen namens Brandstatt kommen, und damit zum **LANDGASTHOF DIEPLINGER**.

Man könnte hier das Klischee vom „Gasthof, wie er im Buche steht“ bemühen, schließlich gibt's hier einen wunderbar kastanienbeschatteten Gastgarten, eine holzgetäfelte Stube und eine Speisekarte, auf der Gemüse, Lamm, Wild und sogar Fische aus der unmittelbaren Umgebung Niederschlag finden (wichtige Termine sind der „Knödel-Dienstag“ und natürlich der unvermeidliche „Schweinsbratl-Samstag“). Vor allem aber gibt's hier einen absolut gewinnenden Ausblick auf den Strom, dem man sich kaum entziehen kann, und dann werden im Keller auch noch edle Schnäpse selbst gebrannt. Nein, Schnaps ist nicht isotonisch, aber nach einem reichhaltigen Essen geht sich einer auf jeden Fall aus ...

Vom Dieplinger aus stehen uns zwei Varianten zur Wahl: die rasche über Auhof und Faller Straße bis zum Kraftwerk Ottensheim-Wilhering, dort über die Donau und rund um den Ottensheimer Regattasee nach Ottensheim; beziehungsweise weiter bis zur Rollfähre zwischen Wilhering und Ottensheim. Nachdem ich ein großer Freund von Überfahrten bin, wäre das meine bevorzugte Version der „schnellen“ Variante.

←
Ein malerischer, kleiner Jachthafen, ein schöner Donaublick und das wunderbare Gasthaus Dieplinger in Brandstatt

→
Der absolut prächtige Gastgarten des Gasthofs Dieplinger unter uralten Kastanien. Und die Schnäpse werden hier selbst gebrannt.

Allerdings würde ich – so es die Planung zulässt – ohnehin einen kleinen Umweg nach Eferding, in die Scharten und über Alkoven nach Wilhering machen.

Für diese Variante folgen wir ab Brandstatt der Brandstätter Straße in Richtung Eferding, das wir nach guten zwei Kilometern erreichen. Auf den ersten Blick wirkt der Ort wie das typische Beispiel einer verkehrstechnisch völlig verplanten Provinzstadt, zumindest bis man seinen malerischen Stadtplatz, das Schloss (in dem laut Nibelungenlied Kriemhild auf ihrem Weg zur Hochzeit mit König Etzel übernachtete) samt Schlosspark entdeckt hat.

Und dieser Stadtplatz mit seinen historischen Fassaden aus Mittelalter, Renaissance, Barock und Klassizismus hat auch kulinarisch etwas zu bieten: einerseits die wunderbare Fleischhauerei **GRUNDNER**, die sich in den vergangenen Jahren zu einem eindrucksvollen Feinkostgeschäft mit erlesenem Sortiment sowohl einheimischer als auch internationaler Spezialitäten entwickelte, bei der ich aber gerne auch Urtümlich-Bodenständiges wie den unvergleichlichen „Leberschädel" kaufe; andererseits das Hotel Brummeier mit seinem Restaurant **KEPLER STUBEN**. In Letzterer legt der Küchenchef Michael Brummeier eine ansprechende Mischung aus dezent modernisierter Hausrucker und mediterraner Küche vor – mit erfreulich starkem Auftritt interessanter Gemüse der Eferdinger Landwirte.

Apropos Eferdinger Landwirte, da seien zwei besonders hervorzuheben, vor allem dann, wenn die Radtour gerade in der Spargelsaison zwischen April und Mitte Juni stattfindet: Das Angebot an Sonderkulturen beim **BIOHOF HOLZER** (nicht verwandt oder verschwägert) ist zwar das ganze Jahr über hochgradig interessant, sein Spargel aber halt ganz besonders. Und man kann nicht über Eferdinger Spargel sprechen, ohne Familie Lindinger und Matthias Ecker zu erwähnen, denn die „erfanden" Mitte der 1990er-Jahre den sogenannten **„PUPPINGER SPARGEL"**, von dem sie mittlerweile gute 20 Hektar im fruchtbaren Boden Eferdings anbauen. Verkauft wird er unter anderem ab Hof im eindrucksvollen Vierkanter etwas außerhalb Eferdings. Ich weiß natürlich, dass das Fahrrad nicht das ideale Transportmittel für frischen Spargel ist, allerdings werden am Puppinger Spargelhof auch spargelige Nebenprodukte verkauft, Spargelbrot zum Beispiel oder Spargelnudeln.

Zu unserer nächsten Station – dem eigentlichen Grund des Umwegs – gelangen wir entweder über Raffelding, Staudach und Polsing, oder über einen etwas größeren Bogen via Fraham, Leppersdorf und Rexham, bei dem sich die Steigung etwas besser verteilt als in der ersten Variante. Und bei der wir immerhin am Ursprung der österreichischen Softdrink-Ikone „Schartner Bombe" vorbeikommen, einer – längst nicht mehr genutzten – Heilquelle in Leppersdorf, dessen Wasser seit den 1920er-Jahren mit Zitrone oder Orange versetzt und in die archtypischen, bauchigen Flaschen gefüllt wurde. In den 1960er- und 1970er-Jahren war die Schartner Bombe so populär, dass sogar erfolgreiche Rennrad-Teams gesponsert wurden, heute hat die Marke nichts mehr mit der Scharten zu tun und am heimischen Markt kaum Bedeutung.

Vorbei an wunderschönen, alten Streuobstwiesen, intensiv genutzten, modernen Obstplantagen, malerischen Birnbaumalleen und einem

Eferding weiß seine Schönheiten durchaus zu verstecken. Etwa das prachtvolle Schloss oder den malerischen Stadtplatz mit Fassaden aus fünf Jahrhunderten.

↓
Gemüse gibt's in Oberösterreichs Gemüsehauptstadt allenthalben. Besonders gut, frisch und biologisch ist es im Biohof Holzer.

↑ ↓
Malerische Stadtansichten, die man Eferding gar nicht zutraut: der Stadtplatz und das Pfarrhaus der Kirche St. Hippolyt

kleinen Wäldchen landen wir schließlich im Ortsteil Forst und hier bei der **SPITZWIRTIN**.

Renate Stain wuchs in diesem uralten Wirtshaus auf, das ihre Großeltern 1930 erwarben, wollte eigentlich nie Wirtin werden und übernahm 2005 dann doch. Die Stube ist winzig, niedrig, bietet eine fast archaische Geborgenheit. Wenn man draußen im Garten sitzt, unter den Bäumen, in den Lauben, hat man dafür den weiten Blick, über die Felder, in die Wälder, zu den alten Streuobstbäumen.

Renate ist berühmt dafür, traditionelle Küche mit Gewürzen und Ideen noch ein bisschen besser zu machen. Erdäpfel mit Leinöl, ein klassisches oberösterreichisches „Arme-Leute-Essen", hier eine verzückende Delikatesse. Oder der Schweinsbraten, der zwei bis drei Tage eingesurt und dann ins Rohr geschoben wird, „der Rest brät sich selber". Oder die Bio-Wildhendln, oder die Kuchen ... Die Spitzwirtin ist mittlerweile Kult, hier am Wochenende ohne Reservierung einen Platz zu bekommen, ist pures Glück. Eine Empfindung, die mich bei einem Essen hier übrigens jedes Mal ereilt.

Von hier aus geht's über Polsing, Weidach, Alkoven und über Bergham wieder in die Donauauen, wo wir auf einen Donauradweg-Klassiker stoßen, den wunderbaren **GELSENWIRT**: eine urige Gastwirtschaft mitten im Grünen, mit wunderbarem Gastgarten und bodenständig-deftiger Küche. Und über eine kleine Fußgängerbrücke gelangen wir hier sogar über die Aschach zum Donauradweg, der uns zum Kraftwerk Ottensheim-Wilhering bringt, siehe oben.

In Ottensheim selbst, das von dem als Parkplatz missbrauchten Marktplatz abgesehen seinen mittelalterlichen Ortskern noch deutlich erkennen lässt, locken uns zwei Adressen: einerseits das **THOR BRÄU**, eine ehemalige Fleischhauerei mit hübscher Fassade unmittelbar am historischen Marktplatz bei der Kirche, in dem Ingo Laska seit 1999 braut. Laska zählt in Oberösterreich zu den Pionieren der Craft-Beer-

Die Schönheiten einer Stadt eröffnen sich dem Radfahrer ganz besonders. Und Ottensheim lohnt die Abzweigung unbedingt.

Szene, und besonders angenehm wird die Sache am Freitag, denn da ist in Ottensheim einerseits Wochenmarkt und andererseits zapft das Thor Bräu sein Ottensheimer Spezial, sein Mühlviertler Vierkorn oder das süffige Mühlviertler Landbier dann direkt aus dem Fass.

Die zweite, sehr interessante Adresse ist der **GASTHOF ZUR POST** von Johanna Böker und Reini Feizlmayr. Die beiden übernahmen das Traditionsgästehaus mit Wirtsstube 2018. 2020 erhielt das alte Lokal ein völlig neues, frisches Shabby Chic-Outfit, wobei Atouts wie der uralte Holzboden sehr gelungen mit neuen Akzenten und moderner Kunst kombiniert wurden. Quasi die gesamte Speisekarte ist bio, und entspannte Modernität zeigt Feizlmayr auch bei seiner Küche, die man als oberösterreichisch-italienische Fusion bezeichnen könnte. Und ja klar, in Zeiten von Instagram ist es auch wichtig, dass die Gerichte hübsch aussehen, was hier definitiv der Fall ist.

←
Ottensheim: Alte Mauern und moderne Kunst im öffentlichen Raum, eine gute Mischung – die „Donauwelle" von Josef Baier aus dem Jahr 1999

↑
Feinstes Microbrewery-Craft Beer aus der alten Fleischhauerei mitten am alten Marktplatz: Ingo Laskas Thor Bräu in Ottensheim

↓
Frischer Wind im Ottensheimer Gasthof zur Post: Junges Design und hauptsächlich Bio-Zutaten aus der unmittelbaren Umgebung

Die kommenden neun Kilometer nach Urfahr sind nicht gerade ein Highlight, muss man sagen, man teilt sich das enge Tal mit Regionalbahn und der Rohrbacher Schnellstraße. Erst ab der noch in Bau befindlichen, spektakulären Westring-Hängebrücke wird die Sache wieder interessanter, sowohl landschaftlich als auch kulinarisch: Der Weg führt uns entlang der Donau durch Alt-Urfahr zuerst zum Gasthaus **ZUM SCHWARZEN SCHIFF**, 1860 gegründet, vier Generationen lang von der Gründerfamilie betrieben, oft überflutet, 2015 schließlich geschlossen.

2019 übernahm Michael Fellöcker das Gasthaus und verpasste ihm – ganz ähnlich dem Gasthof zur Post in Ottensheim – eine Modernisierungskur: Das malerische Salettl erhielt eine Heizung und Toiletten, die Wirtsstuben einen frischen, jungen Anstrich, die Karte setzt auf Bio-Zutaten aus der Region und auf eine

↓↑
Kurz vor Linz wird das Tal noch einmal so richtig eng. Unten: das neue Tor zu Linz, die noch im Bau befindliche Westring-Hängebrücke.

←
Auch das kann die Donau: 1974 wurde aus einem Donaualtarm die Regattastrecke Ottensheim, seit 2017 sogar mit Bundesleistungszentrum.

ansprechende oberösterreichisch-internationale Szeneküche. Das Bier stammt von Mühlviertler Kleinbrauereien und der Biergarten ist definitiv der hübscheste, seit wir vor hundert Kilometern Passau verlassen haben.

Keine 200 Meter weiter dann gleich die nächste gute Adresse und zugleich eines der charmantesten Lokale in ganz Linz: Ende 2017 übernahmen die vier Freunde Fabian Mayr, Philipp Zauner, Dominik Schütz, Lukas Zauner das zuvor schon großartige Gasthaus der beiden **„DONAUWIRTINNEN“** Tanja Obernberger und Julia Oswald, beließen den Namen und schärften beim Profil noch einmal nach. Herkunft der Produkte ist das absolute Leitmotiv der vier männlichen Wirtinnen. Je näher und saisonaler, desto besser, je kleiner der herstellende Betrieb, desto lieber, je besonderer und ausgefallener, umso sicherer landet das Produkt auf der Karte. Und das ergibt dann sommerliches Rehragout mit Ofentomaten, Kichererbsen und Minzjoghurt, Dampfbrötchen mit N'duja vom Thomabauer, gegrillten Zucchini und Petersilsalsa oder Ceviche vom Tagesfang mit Tomaten-Süßkartoffel-Relish.

Großartig! Da müsste man eigentlich gar nicht mehr nach Linz hinein – wobei: Es lohnt sich …

←
Die Donauwirtinnen, ein perfektes Beispiel für junge, dynamische Gastronomie in Oberösterreichs Hauptstadt Linz

→
Linz, von der Urfahrer Donauseite aus gesehen. Aus dieser Perspektive eher eine Flussstadt als eine Stahlstadt

Linz, wie man es kaum vermuten würde: Idylle am Donaustrand St. Margarethen keine drei Kilometer flussaufwärts der Nibelungenbrücke

N
0
2 km
Restaurant
Gaststätte
Produzent
Start
Ziel
Aschach an der Donau
Feldkirchen an der Donau
Pupping
Brandstatt
1 Dieplinger
2 Thalhammer´s Freizeitanlage Feldkirchen
3 Biohof Holzer
4 Puppinger Spargel
5 Grundner
6 Kepler Stuben
7 Spitzwirtin
8 Gelsenwirt
9 10 Thor Bräu Zur Post
11 12 Donauwirtinnen Zum Schwarzen Schiff
Eferding
Eferding Bf.
Taubenbrunn
Raffelding
Alkoven
Bergham
Goldwörth
Hagenau
Ottensheim
Dürnberg
Bf. Dürnberg
Gramastetten
Rottenegg
Rodl
Lichtenberg
Pöstlingberg
Bf. Achleitnersiedlung
Puchenau
Bf. Puchenau West
Wilhering
Kraftwerk Ottensheim-Wilhering
Kürnbergerwald
Edramsberg
Linz-Urfahr Bf.
Dom
Hauptbahnhof Linz Bf.
Linz
Leonding
Bindermichl
Kleinmünchen
Rufling
Thurnharting
Kirchberg
Staudach
Weidach
Polsing
Forst
Rexham
Fraham
Leppersdorf
Aschach
Pesenbach
Innbach
Donau
130
131
132
134
129
125
126
139
A 7

Die Lokale

1 Landgasthof Dieplinger
4070 Pupping, Brandstatt 4,
Tel. 07272/2324, Mo–Mi 10–20,
Sa, So 10–19 Uhr, www.dieplinger.at

2 Thalhammer's
4101 Feldkirchen, Badeseestr. 2,
Tel. 0699/116 01 958, Oktober,
April Do–So 8–23, Mai, Juni,
September Mi–So 8–23, Juli, Aug.
Di–So 8–23 Uhr, www.thalhammers.at

3 Biohof Holzer
4070 Eferding, Josef-Friedl-Str. 2,
Tel. 07272/2964, Mo, Di, Do–Sa 8.30–12.30,
Mo, Di, Fr 15–18.15 Uhr, www.biohof-holzer.at

4 Puppinger Spargel
4070 Eferding, Taubenbrunn 1,
Tel. 07272/2347, April bis Mitte Juni,
Mo–Fr 8–12, 13–18, Sa, So, Fei 8–12 Uhr,
www.puppinger-spargel.at

5 Grundner
4070 Eferding, Stadtpl. 8,
Tel. 07272/2257, Di–Fr 8.15–12.30, 14.30–18,
Sa 7.15–12 Uhr, www.grundner.com

6 Kepler Stuben
4070 Eferding, Stadtpl. 35,
Tel. 07272/2462, Di–Fr 7–24, Sa 8–15 Uhr,
www.brummeier.at

7 Spitzwirtin
4072 Alkoven, Forst 27, Tel. 07274/7727,
Mo, Di, Fr 17–21, Sa, So 11–21 Uhr,
www.spitzwirtin.at

8 Gelsenwirt
4072 Alkoven, Gstocket 63,
Tel. 0681/105 08 772, Mi–Fr 16–24,
Sa, So 10–24 Uhr, www.gelsenwirt.at

9 Thor Bräu
4100 Ottensheim, Hostauerstr. 2,
Tel. 07234/823 71, Fr 14–22 Uhr,
www.thor-braeu.at

10 Gasthof zur Post
4100 Ottensheim, Linzer Str. 17,
Tel. 07234/822 28, Di–Do 11.30–13.45,
17.30–21, Fr 11.30–21 Uhr,
www.post.ottensheim.at

11 Zum Schwarzen Schiff
4040 Linz, Obere Donaustr. 36,
Tel. 0660/410 61 21, Mi, Do 17–22,
Fr, Sa 12–22, So 12–20 Uhr,
www.zumschwarzenschiff.at

12 Die Donauwirtinnen
4040 Linz, Weberg. 2, Tel. 0732/737 706,
Mo–Mi 11.30–22, Fr 11.30–20, Sa, So 14–20 Uhr,
www.diedonauwirtinnen.at

MARKTHALLE

TOUR

4

Linz

Die gute Nachricht zuerst: Linz hat sich in den vergangenen Jahrzehnten toll entwickelt, verfügt über ein sprudelnd-vitales Stadtleben und strotzt nur so vor Gastronomie, die neben einer Überzahl von Fastfood und Systemgastronomie auch ein paar absolut bemerkenswerte Lokale aufweist, die man bei einem Linz-Aufenthalt keinesfalls versäumen sollte.

Und jetzt die schlechte Nachricht: Für Radfahrer ist Linz herausfordernd. Die Radweg-Infrastruktur ist maximal punktuell vorhanden und wenn, dann oft indiskutabel. Die Wegmarkierungen sollten nicht ernst genommen werden, sie führen einen nicht selten in die Irre. Und das kann in Linz durchaus verheerend sein, denn der Donauradweg führt hier aufgrund des riesigen VOEST- und Hafen-Geländes nur entlang des linken Donauufers, das historische und kulinarische Zentrum der Stahlstadt findet sich allerdings auf der anderen Seite. Und von den vier Donaubrücken befinden sich drei im Norden und Nordwesten der Stadt. Es ist kompliziert, bei der für uns interessanten Steyregger Brücke im Südosten nicht auf die Schnellstraße zu gelangen. Mir ist es jedenfalls nicht gelungen, die dafür notwendige Abzweigung von der Aigenstraße unterhalb der Schnellstraßenbrücke liegt gut versteckt und ich habe sie erst nachher auf Google Maps gefunden ...

Ich rate dennoch: Fahren Sie nach Linz. Sei es auf einen lässigen Snack, sei es, um hier ein denkwürdiges Mahl zu genießen, sei es, um Spaß an irgendeinem kulinarischen Erlebnis dazwischen zu haben.

←
Das Linzer Altstadtviertel hat sich von einem verruchten Quartier zu einem Musterbeispiel urbaner Revitalisierung entwickelt.

Streckenprofil

Länge: 6,5 km
Höhenunterschied: eben
Streckenzustand: mäßig
Sicherheit: mittel
Schwierigkeitsgrad: leicht
Ein- und Ausstiegsmöglichkeit:
Linz-Hauptbahnhof, Bahnhof Linz-Franckstraße, Donauschiffahrt-Anlegestellen Nr. 11–14

Beginnen wir beim Kapitel „Snack", da hat Linz nämlich ein paar großartige Protagonisten vorzuweisen. Zum Beispiel den **LEBERKAS-PEPI**, ein seit Ende der 1980er-Jahre bestehendes und kultisch verehrtes Imbisslokal in einem ehemaligen Weinstüberl unweit des Linzer Hauptplatzes. Warum diese Verehrung? Nun ja, abgesehen davon, dass die Leberkäse hier recht großformatig sind, was das Auge zweifellos erfreut, begann man hier schon sehr früh mit der Variation des rosigen Grundthemas: Nicht weniger als 25 verschiedene Sorten hat Pepi im Köcher, gleichzeitig angeboten werden etwa ein Dutzend. Das geht von den „klassischen" Versionen wie „Käse" oder „Pizza" bis zu Exoten wie zum Beispiel „Steinpilz Trüffel", „Bärlauch" oder „Gselchter" mit eingearbeitetem Bauerng'selchtem, Gurkerln und Kren. Die Pepi-Leberkäse sind aber nicht nur originell, dank Verwendung guten, mageren Fleischs und Verzichts auf Farbstoffe oder Geschmacksverstärker sind das wirklich ganz schön gute Füllungen für ein Semmerl.

Apropos Semmerl: Da hat in Linz der **BRANDL** die besten. Die 1891 gegründete Traditionsbäckerei erfand sich 2006 gewissermaßen neu, richtete eine Schaubackstube ein, setzte mit Brotbüchern und Backkursen auf ein neues Brotbewusstsein. Ein Bierstangerl, ein Brandl-Semmerl oder ein Erdäpfelweckerl sollte man sich hier auf jeden Fall mit auf den Weg nehmen. Auch frühstücken lässt sich hier gut und unkompliziert.

Der nächste Kandidat für ein schnelles, lustiges Essen nennt sich **JACK THE RIPPERL** und befindet sich in einem etwas düsteren, nicht sehr einladenden Hinterhof direkt an der Landstraße. Aber was soll man sagen: Auch die „Fette Sau" in Williamsburg, das beste BBQ-Lokal, das ich je besucht habe, besticht nicht durch Lage oder Schönheit. Das Thema Spareribs wird hier weitaus kreativer und vielfältiger angelegt als sonst üblich, man wählt zwischen Karreeripperln, Bauchripperln oder Brustspitz-Ripperln, und aus

←
Bäckerei Brandl: Von hier kommen die besten und reschesten Semmeln der oberösterreichischen Landeshauptstadt.
→
Der Leberkas-Pepi: einst ein Linzer Geheimtipp, mittlerweile sogar in Wien und auf Österreichs großen Bahnhöfen zu finden.

Leberkas-Pepi®

← Am Vormittag wird der auch sonst recht gut aufgestellte Südbahnhofmarkt mit den mobilen Ständen der Bauern zum Frischeparadies.

↓ → Südbahnhofmarkt, wie er leibt und lebt, vor allem seit seiner Renaissance ab dem Jahr 2020: Lokale Saisonware trifft internationale Delikatessen und hippe Lokalszene.

Einen Südbahnhof gibt's am Linzer Südbahnhofmarkt schon lange nicht mehr. Macht aber nichts, die feinen Dinge und das genussfreudige Publikum finden auch so hierher.

unterschiedlichen Marinaden von klassisch bis Hot Chili. Damit aber nicht genug, es gibt Ripperln hier auch als Frühlingsrolle, als Burger, als Quesadilla oder als knusprige Bällchen.

Und wem das noch nicht genug Wahlmöglichkeiten sind, dem sei die kurze Fahrt ins Neustadtviertel geraten, zum **SÜDBAHNHOFMARKT**. Nein, Bahnhof gibt's hier schon lange keinen mehr, aber dafür 28 fixe Stände, in denen bis zu 45 Betriebe diverse Lebensmittel feilbieten. Das war schon vor 2020 recht interessant, nicht zuletzt wegen Läden wie der Käseglocke, dem besten Käsefachgeschäft von Linz. Seit 2020 hat sich der Markt aber verändert, ist jünger, moderner, vielfältiger und attraktiver geworden. Man kann jetzt bei **WOW** thailändisch essen, bei der **GOLDKÜSTE** Austern schlürfen oder Pastrami – das original hausgemachte Pastrami aus gepökeltem, gewürztem und geräuchertem Rinderbrustkern – schmausen. Frischgemachte Pasta beim **PASTAMACHER**, **HOLZPOLDL-BROT** aus dem Mühlviertel, frisch gerösteter Kaffee bei **KURT TRAXL** (hier ist die Schlange immer besonders lang), italienische Delikatessen (und französische Croissants) beim **DERGUSTATIONSLADEN** oder ein Gläschen Bier aus einer der vielen, kleinen Brauereien rund um Linz bei **JOE'S BAR.** Die Fluktuation hätte zugenommen, hört man, wären die Standler dem Markt früher ein Leben lang treu geblieben, so herrsche seit 2020 ein Kommen und Gehen. Wenn was nicht klappt, wird es rasch durch etwas Neues ersetzt. Genau so soll ein Markt funktionieren. Am Vormittag kommen dann übrigens auch noch viele mobile Stände dazu, da wird das Neustadtviertel dann regelrecht mediterran.

↑ Die Käseglocke ist nicht nur der beste Käseladen in Linz, sie war auch einer der Pioniere der Südbahnhofmarkt-Renaissance.

↓ Holzpoldl, ein legendäres Ausflugsgasthaus in Lichtenberg, nördlich von Linz mit Bäckerei. Seit einiger Zeit mit Stand am Linzer Markt

Die Linzer Gastronomie hat für alle etwas zu bieten, für Traditionalisten ebenso wie für Freunde des Modernen, für Schnelle ebenso wie für Sitzenbleiber.

↑ Das Café Traxlmayr ist nicht einfach nur ein Linzer Kaffeehaus, es ist DAS Linzer Kaffeehaus und den Wiener Cafés ebenbürtig.

↓ Im gepflegten und durchaus klassischen Ambiente des Café Traxlmayr fühlen sich Senioren genauso wohl wie Hipster, ein Linzer Phänomen.

Wer sich nach langer Fahrt dann aber doch lieber gemütlich hinsetzen will, und das idealerweise nicht allzu weit vom Radweg entfernt tut, dem seien diese beiden Lokale empfohlen, die in Linz durchaus ikonischen Stellenwert besitzen: zuerst einmal das **CAFÉ TRAXLMAYR**, 1847 gegründet und ein Kaffeehaus, wie es selbst in Wien oder Prag nicht klassischer sein könnte. Das Traxlmayr hat Stil und Atmosphäre, wird von Ulrich und Dagmar Traxlmayr in vierter Generation geführt, ist aber trotz all der Tradition alles andere als gestrig oder museal. Im Gegenteil, im Traxlmayr liegen Zeitungen aus aller Welt auf, im Traxlmayr finden Lesungen und Konzerte statt, im Traxlmayr ist Spielzeug für Kinder vorrätig, und die weite Terrasse des Traxlmayr an der Linzer Promenade wird von Jung und Alt gleichermaßen gern besucht. Das Speisenangebot ist gutbürgerliche Wiener Küche mit einer kleinen Ausnahme, die hier aber nachgerade Pflichtprogramm ist: die Linzer Torte, meiner ganz persönlichen Meinung nach eine der besten Torten der Welt.

300 Meter weiter auf der Landstraße dann die zweite Ikone, der **KLOSTERHOF**. Okay, wir hatten schon tolle Biergärten in Passau, aber der Klosterhof gehört mit dem Müllner Bräu und dem Stieglkeller (beide in Salzburg) zu den drei schönsten, besten und atmosphärischsten Biergärten in ganz Österreich. Das Haus stammt ursprünglich aus dem 16. Jahrhundert, im 17. und 18. Jahrhundert diente es diversen Klöstern unter anderem als Bibliothek, 1930 fand es dann schließlich als traumhaft schöner Biergarten seine endgültige Bestimmung. Gepflegter Kiesboden, ein für Sommersonne fast undurchdringliches Dach aus adrett façonnierten Kastanien, seitlich die Kolonnaden, in der Mitte der Brunnen und der wunderbare Salatkiosk mit Biergartenklassikern wie Ochsenmaulsalat, Wurstmayonnaise oder Rindfleischsalat für die schnelle Stillung des ersten Hungers. Auch drinnen ist der Klosterhof eindrucksvoll, draußen aber ist er quasi unschlagbar.

Am Gourmetsektor hat sich in Linz in den vergangenen Jahren mehr getan als in anderen österreichischen Landeshauptstädten, muss man sagen, wie Oberösterreich augenblicklich überhaupt eine ganz beachtliche Ballung grandioser Küchenchefs und -chefinnen aufweist (Lukas Nagl, Das Bootshaus/Traunkirchen, Philipp Rachinger, Mühltalhof/Neufelden, Rainer Stranzinger, Zum Goldenen Hirschen/Gmunden, Clemens Grabmer, Waldschänke/Grieskirchen, Marie Rahofer, Rahofer/Kronstorf, Lukas Kienbauer, Lukas/Schärding ...).

↑
Der Klosterhof an der Linzer Landstraße ist einer der drei schönsten und stimmungsvollsten Biergärten in ganz Österreich.

↑
Nibelungenbrücke bei Nebel. Von den vier Linzer Donaubrücken ist diese zweifellos die wichtigste, sie verbindet das Zentrum mit Urfahr.

→ ↓
Göttfried: Eines der ältesten Gasthäuser der Stadt, 2015 von den Göttfrieds neu übernommen und großartig bekocht

Wir wollen die Aufzählung mit dem **GÖTTFRIED** beginnen, weil dieses großartige Restaurant erstens auch mittags geöffnet hat und zweitens unmittelbar bei der Nibelungenbrücke und damit in Radwegnähe liegt. Der ehemalige Tantris-Koch Christian Göttfried und seine Frau Simone, die davor das Mörwald-Restaurant in Grafenegg geführt hatten und dann zehn Jahre lang das wunderbare Gasthaus Schrot in Alkoven besaßen, übernahmen 2015 einen der ältesten Gasthöfe in der Linzer Altstadt, den „Goldenen Anker". Sie renovierten das alte, stimmungsvolle holzgetäfelte Gewölbe mustergültig, machten aus einem Lichthof einen Gastgarten, richteten Gästezimmer ein und legen hier eine feinschmeckerisch elaborierte Hausmannskost vor, die mit französisch-mediterranen Akzenten fusioniert wird. Absolut prachtvoll.

GÖTTFRIED
essen trinken schlafen
SCHLOSS
Eggenberg

→
Seit den späten 1970er-Jahren ist Linz mit der Ars Electronica eines der europäischen Zentren moderner multimedialer Kunst. Das Ars Electronica Center ist ihre Heimat.

←
Der Linzer Hauptplatz ist das – nicht nur historische – Zentrum von Linz. Hier spielt das Leben, hier sind Cafés, Eissalons & Co.

↓
Blick aus der Bischofstraße auf den Mariendom. Für die Fußgänger ist Linz mittlerweile ein Paradies, für Radfahrer noch nicht ganz.

Linz hat sich von seinem einstmals schlechten Ruf als schmutzige Stahlstadt absolut emanzipiert. Die Lebensqualität hier ist enorm.

Ebenfalls in der Altstadt befindet sich das kleine **MUTO** von Werner Traxler, der hier in skandinavisch-schlichtem Ambiente eine sensible, feingliedrige Kreativküche mit starkem Gemüse-Schwerpunkt vorlegt. Leider nur abends und dann auch nur als fünfgängiges Menü. Bemerkenswert ist das Muto aber nicht nur aufgrund seiner tollen, nicht zuletzt optisch sehr überzeugenden Kreationen, sondern auch, weil in dieser Gegend bis vor ein paar Jahren ein Gourmet-Restaurant undenkbar gewesen wäre – die Altstadt war jedes Wochenende das Aufmarschgebiet besoffener Krawallbrüder, Scheiben gingen hier oft zu Bruch. Heute nur mehr ab und zu ein langstieliges Kristallglas.

Auch sehr interessant ist das **ROSSBARTH** der beiden jungen Linzer Köche Marco Barth und Sebastian Rossbach, die hier 2017 eines der ältesten Gasthäuser von Linz übernahmen. Sie verpassten dem niedrigen Gewölbe ein modernes, schlichtes Design und zelebrieren hier eine absolut minimalistische Gourmetküche. Weniger ist mehr, lautet das Motto, Weglassen ist hier die Bereicherung. Das, was auf dem Teller landet, ist dafür bis ins kleinste Detail ausgearbeitet, der Zufall hat keine Chance, quasi eine Uhrmacher-Cuisine, sehr eindrucksvoll. Und wenn man sich denkt: Das kommt mir doch alles ein bisschen japanisch vor, dann liegt man da gar nicht falsch. Weshalb auch nicht nur tolle Weine, sondern auch tolle Sakes gereicht werden.

Die vierte tolle Gourmetstation in Linz liegt etwas außerhalb im nicht besonders charmanten Bahnhofsviertel. Hier hat Ingmar Goetzloff, der lange in Italien lebte, 2013 sein edel-italienisches Restaurant **ROSSO DI ACQUA E SOLE** aufgemacht. Von den anfänglich servierten norditalienischen und piemontesischen Spezialitäten verlegte er sich im Laufe der Zeit auf Fisch, lässt sich vom Pariser Großmarkt mitunter ganze 60-Kilo-Thunfische kommen, was in Österreich sonst nicht viele machen. Und im Frühling 2023 startete hier der überaus bemerkenswerte Küchenchef Florian Gintenreiter, der eine Zeit lang in angesagten „Bistronomy"-Restaurants in Paris, im Mühltalhof oder bei Döllerer in Golling kochte. Dadurch bekam die bisher schon tolle Fischküche hier noch einmal einen gewissen Spin: Gelbschwanzmakrelen werden vier Wochen im Klimaschrank trocken gereift, bevor sie zu fantastischer Ceviche werden, Sardinen werden entgrätet und in sepiatintenschwarzem Tempurateig herausgebacken, Garnelen in Pistazienkruste gebraten. Das hat absolute Klasse, da vergisst man auch die herbe Umgebung gleich einmal.

Eine sofortige Weiterfahrt kann ich nach solchen Menüs freilich nicht empfehlen. Aber wenn nicht gerade Eros Ramazzotti oder David Garrett am Linzer Domplatz aufspielen, sollte es kein Problem geben, in Linz ein passendes Hotelzimmer zu finden.

←
Der Seiteneingang der Ignatiuskirche, Linz' alter Dom. Barocke Pracht, die dazu einlädt, die Hauptrouten auch mal zu verlassen.

→
Die Linzer Altstadt war früher berüchtigt für ihre billigen Bars und Absteigen. Jetzt kommen vermehrt edle Weinbars und Gourmet-Restaurants.

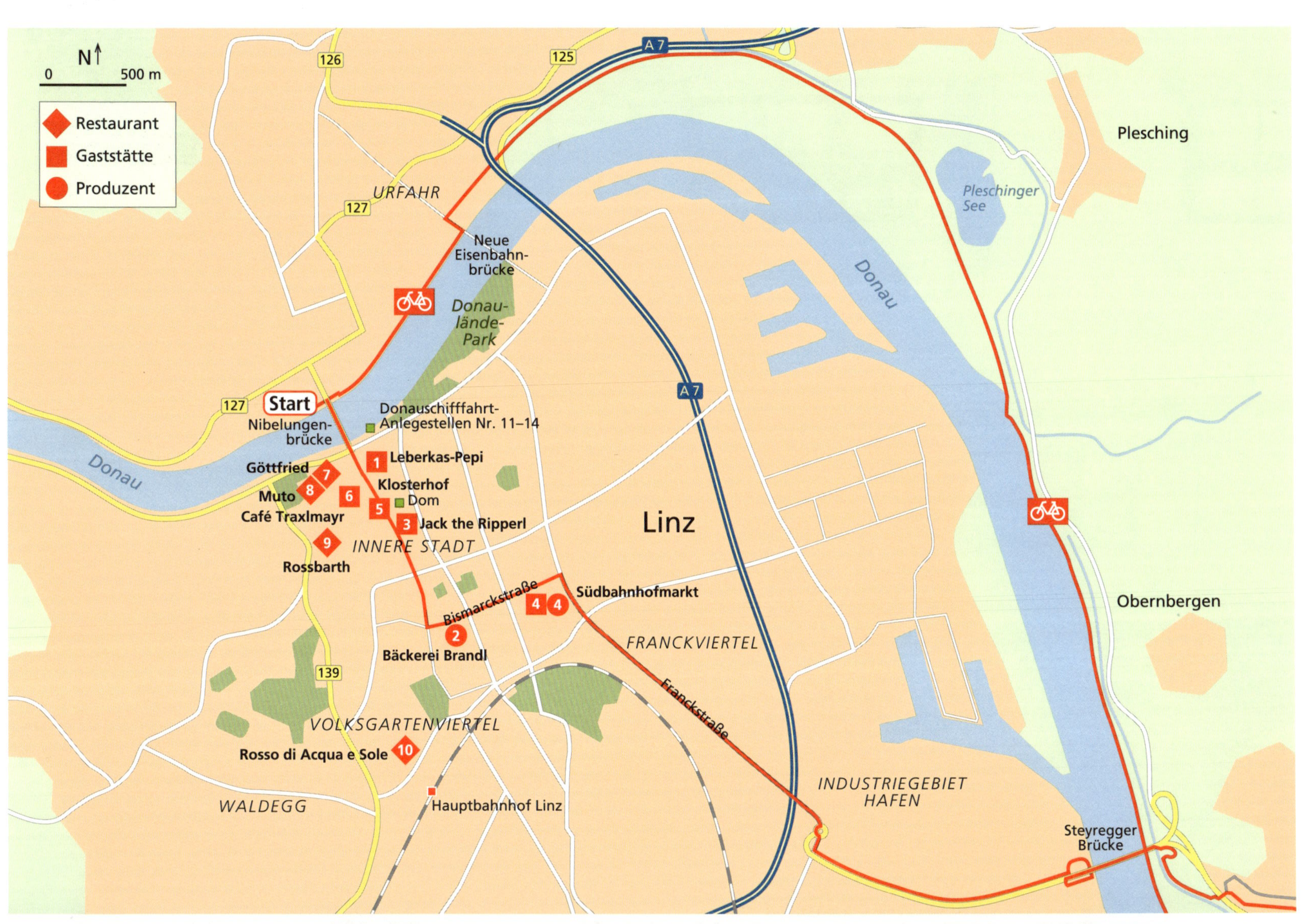
N
0
500 m
Restaurant
Gaststätte
Produzent
126
125
127
A 7
URFAHR
Plesching
Pleschinger See
Neue Eisenbahn-brücke
Donau-lände-Park
Donau
Start
Nibelungen-brücke
Donauschifffahrt-Anlegestellen Nr. 11–14
1 Leberkas-Pepi
Göttfried 7
Muto 8
6
Klosterhof 5
Dom
Café Traxlmayr
3 Jack the Ripperl
9 Rossbarth
INNERE STADT
Linz
Bismarckstraße
4 4 Südbahnhofmarkt
2 Bäckerei Brandl
FRANCKVIERTEL
Franckstraße
139
VOLKSGARTENVIERTEL
Rosso di Acqua e Sole 10
WALDEGG
Hauptbahnhof Linz
INDUSTRIEGEBIET HAFEN
Obernbergen
Steyregger Brücke

Die Lokale

1 Leberkas-Pepi
4020 Linz, Rathausg. 3,
Tel. 0732/796 68 68, Mo–Mi 9–24, Do 09–02,
Fr, Sa 09–05 Uhr, www.leberkaspepi.at

2 Bäckerei Brandl
4020 Linz, Bismarckstr. 6,
Tel. 0732/773 63 52, Di–Fr 5.30–18,
Sa 5.30–12 Uhr, www.baeckerei-brandl.at

3 Jack the Ripperl
4020 Linz, Landstr. 11,
Tel. 0732/239 899, Mo–Do 17–22,
Fr–So 11–22 Uhr, www.jack-the-ripperl.com

4 4 Südbahnhofmarkt
4020 Linz, Marktpl. 15,
Di–Fr 8.30–17, Sa 8–13 Uhr,
www.suedbahnhofmarkt.com

5 Klosterhof
4020 Linz, Landstr. 30,
Tel. 0732/773 373, tägl. 11–23 Uhr,
www.klosterhof.at

6 Café Traxlmayr
4020 Linz, Promenade 16,
Tel. 0732/773 353, Mo–Sa 8–22, So 9–22 Uhr,
www.cafe-traxlmayr.at

7 Göttfried
4020 Linz, Hofg. 5,
Tel. 0732/997 023, Di–Sa 11.30–14, 17.30–24 Uhr,
www.goettfried.at

8 Muto
4020 Linz, Altstadt 7,
Tel. 0699/110 89 063, Mi–Sa 18–01 Uhr,
www.mutolinz.at

9 Rossbarth
4020 Linz, Klammstr. 7,
Tel. 0677/622 39 314, Mo–Fr 18–23 Uhr,
www.rossbarth.at

10 Rosso di Acqua e Sole
4020 Linz, Weingartshoferstr. 29,
Tel. 0699/111 12 212, Mo–Fr 11.30–14,
17.30–21.30 Uhr, www.restaurantrosso.at

TOUR

5

Machland

Das Machland – die Landschaft um Perg, Mauthausen, Aist und Naarn – ist oberösterreichisches Kernland. Woher sein Name genau stammt, ist unklar, man geht heute aber davon aus, dass das mittelhochdeutsche Wort „ahe" für Ache, Fluss der Ursprung ist. Denn Flüsse findet man hier in der Tat zuhauf: Von Norden münden Aist und Naarn in die Donau, von Süden die Enns. Was in regelmäßiger Folge zu Jahrhunderthochwassern führte. An die erschütternden Bilder der überfluteten Region im Jahr 2013 werden sich vielleicht noch einige erinnern können.

Das viele Wasser, die vielen Flüsse wirken sich auch auf den Donauradweg aus. Denn der verläuft auf dieser Etappe über weite Strecken nicht unmittelbar am Donaustrom, was einerseits an geschützten Auwäldern, zahlreichen Altarmen und unbefestigten Uferbereichen liegt, andererseits dürfte man dem Ausbau der Radinfrastruktur hier auch keinen allzu großen Stellenwert beimessen, was natürlich schade ist.

Das macht sich auch gastronomisch bemerkbar: Der Donauradweg ist hier im Bewusstsein noch nicht ganz angekommen, wie es scheint, zehn Kilometer ohne Labestation oder auch nur einen Unterstand sind auf dieser Teilstrecke ein Faktor, mit dem man rechnen sollte.

←
Schloss Wallsee, ein weiteres Märchenschloss unmittelbar am Donauradweg. Leider nicht zu besichtigen, das Schloss befindet sich in Habsburgischem Privatbesitz.

Wir beginnen die Etappe bei der Steyregger Brücke gegenüber von Linz. Sollte gerade Zeit für ein Frühstück sein oder ein akuter Kohlenhydratbedarf gedeckt werden müssen, lohnt es sich, vom Donauradweg in das Städtchen Steyregg abzuzweigen. Was übrigens gar nicht so einfach ist, die Abzweigung durch ein Wäldchen etwa 400 Meter nach der Steyregger Brücke übersieht man leicht.

Was in Steyregg neben dem eindrucksvollen Schloss sofort auffällt, ist der hohe Anteil an Industrie und Gewerbe im Ort. Das ist dem Charme natürlich etwas abträglich. Andererseits hat hier eben auch die innovative Bäckerei **BROTSÜCHTIG** ihre Zentrale, und in diesem Fall nimmt man ein weiteres bisschen an Industriearchitektur gerne in Kauf: 2016 begann Brotsüchtig in Linz mit coolen Sauerteigbackwaren, wie sie seit ein paar Jahren überall extrem populär waren, mit dem Unterschied, dass hier ohne Weizen, großteils vegan und mit extrem langer Teigreife gearbeitet wird. Ausgeliefert wird mit E-Lieferwägen, die über eine Photovoltaikanlage gespeist werden, unverkaufte Ware geht in den Sozialmarkt. Ein kleiner Beitrag zur Verbesserung der Welt, der noch dazu außerordentlich gut schmeckt.

Kaffee bekommt man hier in der Zentrale übrigens auch, im Mühlviertel geröstet, mit klassischer Siebträgermaschine durchgedrückt, und zwar in bunte Tassen von Lilienporzellan.

Das ist kaffeemäßig schon einmal ein ziemlich gutes Niveau, das lässt sich in Steyregg aber auch noch steigern: Im eindrucksvollen Wirtschaftshof „Meierhof" weiter oben im Ort findet man seit 2021 auch die sogenannte **KAFFEEGREISSLEREI**, einen Spezialisten für alles, was mit edlem Kaffee zu tun hat. Gut, eine neue Mühle oder Espressomaschine werden wir am Gepäckträger nicht mitnehmen können, allerdings führt Wolfgang Köppl ein wirklich beachtliches Sortiment von über 15 österreichischen Kleinröstereien aus sämtlichen Bundesländern. Kleiner Hinweis: Bis zum nächsten wirklich erstklassigen Espresso ist es von hier ganz schön weit …

Streckenprofil

Länge: 50 km
Höhenunterschied: eben
Streckenzustand: erstklassig
Sicherheit: über weite Strecken auf Landstraßen
Schwierigkeitsgrad: sehr leicht
Ein- und Ausstiegsmöglichkeit:
Bahnhof Steyregg (1 km),
Bahnhof Enns (2,5 km),
Bahnhof St. Pantaleon (1,5 km),
Amstetten (10 km)

→ Mauthausen, ein wunderschönes, historisches Städtchen mit historischem Ortskern und schrecklicher Vergangenheit

→ ↓ Einst verlief hier – das Schild (Foto unten) belegt es – eine gut frequentierte Nord-Süd-Handelsroute. Heutige Hauptverkehrsadern sehen natürlich anders aus …

←
Hat man die fünfzig steilen Höhenmeter auf den Mauthausener Kirchenberg geschafft, empfängt einen der gediegene Gourmetcharme des Weindlhof, des besten Restaurants im Umfeld.

Entweder vorbei am Sportverein oder über Pulgarn und den Blaunasenteich zurück auf die Piste, wo wir nach sieben (beziehungsweise fünf) Kilometern auf das Kraftwerk Abwinden-Asten stoßen und die Donau überqueren. Von hier führt uns der Weg – oft etwas verschlungen – vorbei an Maisfeldern und Auwäldchen durch die Kronau, vorbei an Enghagen zur Radfähre nach Mauthausen. Achtung, die Radweg-Beschilderungen verweisen gerne zum Radweg Enns-Steyr, am besten ignorieren und immer nur dem Hinweis „Bike-Ferry" folgen. Dass die erst zehn Kilometer nach dem Kraftwerk kommt, steht leider nicht dabei, aber dafür ist der Empfang von Fährmann Aistleithner Johannes umso herzlicher.

In Mauthausen sticht ein Haus sofort ins Auge, nicht zuletzt aufgrund seines Namens: **DONAUHOF**, Untertitel Radhotel. Im Restaurant dieses modernen Seminarhotels gleich bei der Fährstation wird gar nicht schlecht gekocht, zumindest theoretisch, denn Küche gibt's erst ab 17 Uhr, samstags ist überhaupt geschlossen, für Individual-Radreisende eine etwas schwierige Vorgabe.

Macht aber nichts, denn in Mauthausen findet sich auch das beste Restaurant des Machlands, der **WEINDLHOF**. Einziger Wermutstropfen: Auf 500 Metern vom Donauufer bis zum Restaurant haben wir hier 50 Höhenmeter Steigung, das ist echt knackig. Aber es lohnt: Der Weindlhof empfängt einen als herrschaftlicher Gutshof in Schönbrunnergelb, der sich bald nach Eintreten als modernes, lichtdurchflutetes Restaurant mit vollverglastem Wintergarten, Terrasse und einzigartigem Blick über die Donau bis nach Linz erweist. Christian Siebenhofers Schwiegereltern hatten den Hof in den 1980er-Jahren um ein paar Zimmer mit Frühstückspension ergänzt, seine Frau Birgit Siebenhofer-Weindl und er selbst arbeiteten in Wiener Restaurants, und damit stand bei der Übernahme im Jahr 2001 fest, dass es auch ein Restaurant geben solle.

„Es hat eine Zeit gedauert, bis ich hier in der Region meine Produzenten beisammen gehabt hab'", erinnert sich Christian Siebenhofer, „aber tatsächlich gibt's vom unteren Mühlviertel bis zum Waldviertel alles, was man braucht." Bodenständig, kreativ und spontan bezeichnet er seine Küchenlinie, uralte Gemüsesorten wie Knollenziest und Haferwurzel, die ihm sein Gärtner züchtet, begeistern ihn ebenso wie die Qualität des Weideschweins oder ausgewählter Rinder.

Mit dem Ort Mauthausen verbindet man natürlich unweigerlich die Schrecken des hiesigen Konzentrationslagers, die in der KZ-Gedenkstätte knapp drei Kilometer außerhalb des Ortes eindrucksvoll dokumentiert werden. Ob eine Radtour die richtige Gelegenheit ist, sich mit diesen auch für danach geborene Generationen wichtigen Eindrücken zu konfrontieren, mag ich nicht beurteilen. Außer Zweifel steht, dass man sich dafür Zeit lassen und entsprechend würdevolle Kleidung tragen sollte, vom Besuch von Kindern unter 14 Jahren wird abgeraten.

Steht in Mauthausen insgesamt nur ein kurzer Aufenthalt auf der Agenda, sei das **CAFÉ AM KAI** empfohlen, es ist das hübscheste und freundlichste Café am Donau-Kai des Bilderbuch-Barockensembles. Die Mehlspeisen werden von einer befreundeten Bäckerei im Nachbarort hergestellt, Haustorte und gebackene Topfentorte sind unwiderstehlich, nicht-österreichische Genussradler würden am häufigsten die Sachertorte wählen, erfährt man.

↑

Eine Einkehrstation, wie sie im Buche steht: Am einladenden Café am Kai kann man eigentlich gar nicht vorbeiradeln.

← →

Mauthausen ist auch berühmt für seine farbenfrohen Fassaden. Manche davon sind historisch wie etwa das kleine, gelbe „Lebzelterhaus“ mit Erker am Heindlkai, andere eher „im historischen Stil“ nach Disneyworld-Methode gestaltet ...

Zipfer

↓
Brünnerling, Grüne Pichlbirne & Co: Wolfgang Schober bezieht die Äpfel und Birnen uralter Sorten von den landschaftsprägenden Streuobstwiesen der Region. Und verarbeitet sie zu reinsortigen Most-Spezialitäten.

↑
Hier wird Strom angebaut, hier wächst die Energie: Das Kraftwerk Wallsee-Mitterkirchen ist zwar nur abwechselnd einspurig befahrbar, aber dafür sorgt es für sauberen Strom.

↓
Der Jägerwirt trägt seinen Namen völlig zu Recht: Selbst erlegtes Wildbret gibt's hier das ganze Jahr über, Spezialität ist der Fasan.

Bei Albern macht der Radweg einen Abkürzer nach Au an der Donau. Das ist einerseits gut, denn die Alternative wäre die Zufahrt zur Mauthausener Kläranlage, und das ist andererseits gut, denn das führt uns zum **JÄGERWIRT** der Familie Landerl.

Au an der Donau war der größte Holzumschlagplatz der Donaumonarchie. Und wo viel Holz geflößt wird, muss viel gegessen werden, weshalb Johanna Landerls Urgroßvater hier, unmittelbar an der Donau, sein Gasthaus errichtete. Knödel und Most seien damals wohl die Hauptsache gewesen, schätzt Frau Landerl, zu einer etwas feineren Adresse wurde der Jägerwirt jedenfalls erst, als ihre Mutter, eine ausgebildete Hotel-Köchin, 1935 in den Betrieb einheiratete. Aus dieser Zeit stammt auch noch die wunderschön erhaltene, niedrige Jägerstube mit altem Holzmobiliar und reichlich Jagdtrophäen, und spätestens seit dieser Zeit wurde das Gasthaus auch seinem Namen gerecht – denn Wildbret hat hier das ganze Jahr über Saison.

Reh, Hase und Fasan stehen immer auf der Karte des charmanten Gasthofs, die großteils selbst erlegten Tiere nose-to-tail zu verarbeiten, ist Ehrensache, weshalb es neben Keule, Rücken und Ragout etwa auch gebackene Rehknöderl, Reh-Hascheeknöderl und Terrine gibt.

Der kleine Abstecher nach Naarn sei für Genussradler übrigens sehr empfohlen, nicht nur, weil die kleine Gemeinde einen hübschen Ortskern und eine romanisch-gotische Kirche mit Ursprüngen um die Jahrtausendwende hat, sondern weil hier auch einer der besten Most-Erzeuger des Machlandes seinen Hof betreibt: In den 1970er-Jahren hätten seine Eltern mit Mosterzeugung begonnen, erzählt Wolfgang **SCHOBER**, er selbst experimentierte vor etwa 20 Jahren damit, einzelne uralte Äpfel- und Birnensorten reinsortig zu verarbeiten.

Bei den Birnen ist seine Spezialität die Grüne Pichlbirne, eine nachgerade archaische Mostbirnen-Sorte, die von bis zu 200 Jahre alten Bäumen stammt, bei den Äpfeln der Brünnerling, immerhin auch schon seit dem Jahr 1600 bekannt. Schober arbeitet mit Besitzern von Gärten zusammen, die die schönen Bäume schätzen, außerdem ihre Wiesen sauber halten und deshalb das Obst einsammeln, eine Mühe, die sich heute ja leider kaum mehr jemand antut.

Apropos Mühe, die nächsten 11,5 Kilometer erfordern eine gewisse mentale Stärke: Fluss, Auwald, sonst nichts. Ab der Hälfte wird zumindest die Kirche von Sindelburg sichtbar, das hilft der Moral ein bisschen. Denn in Wallsee, gleich neben Sindelburg, wartet das nächste großartige Gasthaus auf uns.

Davor müssen wir aber noch über das Donaukraftwerk Wallsee-Mitterkirchen, was sich auch als herausfordernd herausstellt: Das Kraftwerk stellt keinen öffentlichen Übergang dar, sondern ist Kraftwerksbetriebsgelände mit nur einer Fahrspur, deren Richtung über eine Ampel geregelt wird. Und die ist, wenn sie einmal auf rot gestellt ist, lange rot. Nicht alle Radler halten sich an die Vorgabe, das ist gefährlich und unverantwortlich, ich rate eher zu Geduld und Demut, oder zur kurzen Einkehr in die strategisch sehr schlau platzierte **RADSTATION MITTERKIRCHEN**.

Der uralte Landesname „Machland“ bedeutet, dass es hier viele Flüsse und reichlich Wasser gibt. Aber nicht nur, es gibt auch Birnenmost und reichlich gutes Essen.

Irgendwann geht das rote Licht dann aber aus und man darf überqueren, die kleine Brücke über den folgenden Donaualtarm verlangt zum Glück keine Wartezeit und am Ortsanfang von Wallsee stehen wir nun vor folgenden zwei Alternativen: Weiterfahrt oder Sengstbratl. Meine Empfehlung lautet: Sengstbratl!

Um dieses wunderbare Gasthaus am malerischen Hauptplatz von Wallsee besuchen zu können, müssen wir zwar wieder einmal eine kleine Bergwertung einlegen (42 Höhenmeter) und passieren an dessen Ende das in Privatbesitz der Habsburger befindliche, eindrucksvolle Schloss Wallsee. Dem Hauptplatz vermeint man seine Geschichte als Exerzierplatz eines römischen Kastells durchaus noch anmerken zu können, der **LANDGASTHOF SENGSTBRATL** stellt quasi das soziale Zentrum dar. Der Gasthof mit eigener Fleischhauerei wurde zwar in den 1980er-Jahren renoviert, behielt aber seinen bodenständig-urtümlichen Charme. Die Tische sind groß, Dazusetzen ist hier ganz normal, die Speisekarte ist – typisch für einen Dorfwirt – eher knapp gehalten, die Tagesempfehlungen umso attraktiver. Und die Spezialität des Hauses, der Kalbsrollbraten vom Mühlviertler Kalb mit Gartengemüse, braucht eigentlich keine Alternativen.

↑ Von oben gesehen erkennt man der Ortschaft Wallsee ihre Vergangenheit als römisches Limes-Kastell noch an. Vom Boden aus wirkt der ehemalige Exerzierplatz wie ein typischer Mostviertler Dorfplatz.

↓ Der Landgasthof Sengstbratl: fleischgewordene, gastronomische Urtümlichkeit mit Wohlfühl-Garantie

Ein paar Kilometer etwas abseits der Donau kann es auch wunderschön sein. Vor allem dann, wenn man mit großartigem Essen und verblüffenden Orten belohnt wird.

→ Geheimtipp und definitiv für eine Überraschung gut: Das Fischerparadies Brandner verfügt nicht nur über gut gefüllte Teiche, sondern auch über ein malerisches Terrassenlokal.

Zwischen Wallsee und Ardagger Markt entfernt sich der Donauradweg wieder für zehn Kilometer vom Fluss, einerseits schade, andererseits bringt er uns zum **FISCHERPARADIES BRANDNER**. In dieser von Wald umgebenen Teichanlage kann man mit Tageskarte sein Petriheil versuchen oder – für uns wohl relevanter – auf der Terrasse am Teich sitzen und fein essen. Auf der Karte stehen zwar Fleisch, Wild, Geflügel und vegetarische Gerichte, die Spezialität des Hauses ist aber natürlich der Fisch: Bei Karpfen handelt es sich mit höchster Wahrscheinlichkeit um Tiere aus den eigenen Teichen, Wels fallweise auch, Forelle, Saibling und Zander werden von befreundeten Zuchten in der Region zugekauft. Individuell reisende Donauradweg-Radler fänden nicht allzu oft her, erfährt man, organisierte Radgruppen schon eher.

Das schaut beim **PARLAMENTWIRT** drei Kilometer weiter schon ganz anders aus, bei dem handelt es sich um eine klassische Donauradwegeinkehr, die kaum einer auslässt. Was sicher auch an dem originellen Namen liegt: Der entstand, weil in dem urigen Gasthaus die Leute immer so gesellig beieinandersaßen und über Gott, die Welt und natürlich auch Politik diskutierten. Was einen Beobachter dazu veranlasste, den Vergleich zum Hohen Haus zu ziehen.

Im Lauf der Jahrzehnte wurde das beliebte Gasthaus oft zum Opfer von Überschwemmungen, weshalb es nach der letzten großen Flut im Jahr 2013 auf einem nahen Hügel völlig neu aufgebaut wurde, inklusive begehbarer Mostbirne. Die Karte ist deftig und bodenständig, wir bewegen uns hier in der Grillteller- und „Schmankerlpfannen"-Ebene. Die Portionen sind üppig, die Zutaten regional, gekocht wird mit Herz. Und es gibt auch selbst gemachte Säfte und Marmeladen, ein Gläschen Marmelade „Vitaminbombe" aus Erdbeeren, Aroniabeeren und schwarzen Johannisbeeren kam mit auf die Reise.

Das Schloss Wallsee, wehrhaft, eindrucksvoll und ganz oben am sogenannten Donauberg, den zu erklimmen alleine dieser Anblick lohnt

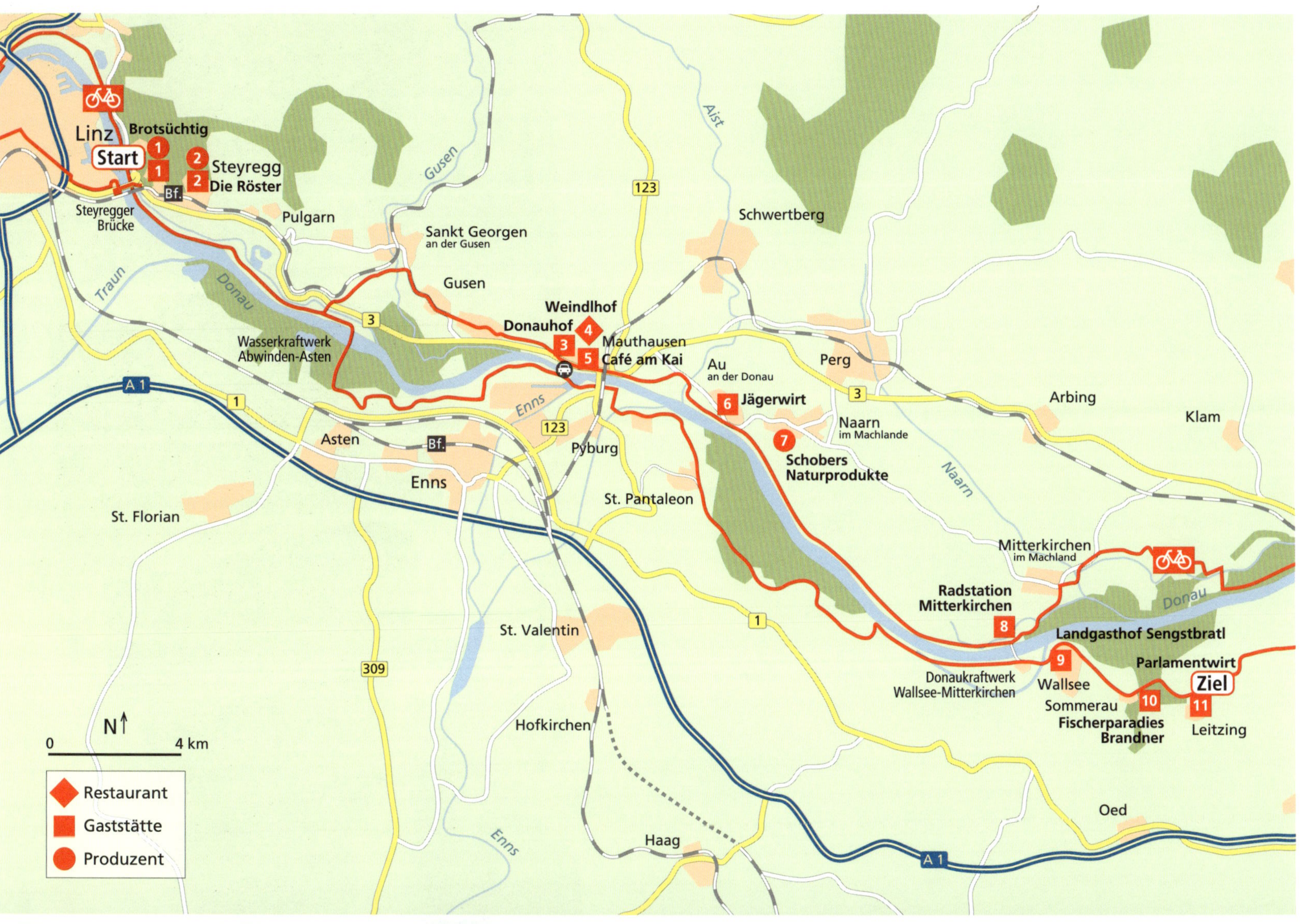

Linz
Start
Brotsüchtig
Steyregg
Die Röster
Bf.
Steyregger Brücke
Pulgarn
Gusen
Sankt Georgen
an der Gusen
Gusen
Traun
Donau
Wasserkraftwerk
Abwinden-Asten
123
Schwertberg
Aist
Weindlhof
Donauhof
Mauthausen
Café am Kai
Au
an der Donau
Perg
Jägerwirt
Naarn
im Machlande
Schobers
Naturprodukte
Arbing
Klam
Naarn
Enns
Asten
Enns
Pyburg
St. Pantaleon
St. Florian
A 1
St. Valentin
Hofkirchen
Haag
Enns
309
Mitterkirchen
im Machland
Radstation
Mitterkirchen
Donau
Landgasthof Sengstbratl
Donaukraftwerk
Wallsee-Mitterkirchen
Wallsee
Sommerau
Fischerparadies
Brandner
Parlamentwirt
Ziel
Leitzing
Oed
N
0
4 km
Restaurant
Gaststätte
Produzent

Die Lokale

1 1 Brotsüchtig
4221 Steyregg, Linzer Str. 54,
Tel. 0660/23232 35, Mo–Fr 6.30–18,
Sa 7.15–12 Uhr, www.brotsuechtig.at

2 2 Die Röster
4221 Steyregg, Weißenwolffstr. 14,
Tel. 0732/272 915, Mo 13–17, Do,
Fr 9–17, Sa 9–12 Uhr, www.dieroester.at

3 Donauhof
4310 Mauthausen, Promenade 30,
Tel. 07238/2183, Mo–Fr 16–22,
So 10–15 Uhr, www.donau-hof.at

4 Weindlhof
4310 Mauthausen, Kirchenweg 12,
Tel. 07238/2641, Di–Fr 11.30–14, 18–24 Uhr,
www.weindlhof.at

5 Café am Kai
4310 Mauthausen, Heindlkai 17,
Tel. 07238/2009, Di–Fr 9–20, Sa, So 9–19 Uhr,
www.cafeamkai.com

6 Gasthof Jägerwirt
4332 Au an der Donau, Oberer Markt 24,
Tel. 07262/58 514, Mo–Mi 17–24,
Fr–So 10–24 Uhr, www.jaegerwirt-au.at

7 Schobers Naturprodukte
4331 Naarn, Linzer Str. 17,
Tel. 07262/582 93, Di–Fr 8–18, Sa 8–13 Uhr,
www.schobermost.at

8 Radstation Mitterkirchen
4343 Hütting 30, April bis Sept. tägl. 10–18 Uhr,
www.mitterkirchen.at/Unser_Mitterkirchen/
Tourismus/Radinfo

9 Landgasthof Sengstbratl
3313 Wallsee, Marktpl. 21, Tel. 07433/2203,
Mo–Mi, Fr 9–16, Sa, So 9–15 Uhr,
www.sengstbratl.at

10 Fischerparadies Brandner
3313 Wallsee, Sommerau 14,
Mi–Fr 11.30–14, 17–19.30, Sa 11.30–19.30,
So 11.30–16 Uhr, www.fischerparadies.co.at

11 Parlamentwirt
3321 Stephanshart, Leitzing 1,
Tel. 0676/881 23 63 51, Mo, Di, Do,
Fr 10–16, Sa, So 10–17 Uhr,
https://www.facebook.com/parlamentwirt/

TOUR

6

Strudengau

Der Strudengau ist klein, aber oho. Soll heißen: An Flusskilometern bringt es die Donau hier zwar gerade mal auf 25, die fräste sie allerdings über Millionen Jahre durch Granit und Gneis der böhmischen Masse. Mit dem Effekt, dass der Strudengau zwischen Ardagger und Ybbs zum engen Tal mit extrem steilen Seitenwänden wurde. Und weil sich die Donau hier windet und mäandert, bildeten sich gefährliche Untiefen, Sandbänke und Strudel. Der Strudengau galt als die gefährlichste Passage auf der gesamten Donau, sogar Kaiser Franz Joseph und Kaiserin Elisabeth mussten einmal in Struden notlanden, weil ihr Dampfschiff in Not geraten war. Doch bekanntlich macht Not auch erfinderisch, weshalb sich in der Gegend das Gewerbe der Lotsen und Schiffmeister prächtig entwickelte und Orte wie Ardagger Markt, St. Nikola, aber vor allem Grein zu großem Wohlstand kamen. Ja, man kann es auch ein bisschen als Raubrittertum verstehen.

Aber wie auch immer, das Ergebnis ist: eine Landschaft mit dramatisch schönem Flusstal; prachtvolle Orte und Städte, deren einstiger Reichtum noch heute für eine großartige Aura sorgt; eindrucksvolle Burgen und Türme, die den Herrschaftsanspruch bezeugten und der Zollkontrolle dienten, heute fast allesamt zu romantischen Ruinen verfallen.

Jetzt aber zu den – für Genussradler – herausfordernden Rahmenbedingungen: Es gibt im Strudengau nur drei Möglichkeiten der Donauquerung, und die befinden sich an den jeweiligen Rändern der Etappe in Grein und Ybbs. Das rechte Ufer ist das weitaus hübschere als linker Hand unmittelbar an der Bundesstraße. Die Strecke vorbei an Felsen, tiefen Wäldern und durch sonnige Lichtungen zählt zweifellos zu den Highlights des gesamten Donauradweges, eines der wirklich empfehlenswerten Gasthäuser dieser Etappe liegt allerdings am linken Ufer. Aber zu diesem Dilemma später.

←
Wild, schön, naturbelassen und früher auch einmal ganz schön gefährlich: Der Strudengau zählt zu den landschaftlichen Highlights des Donauradwegs.

Vom Parlamentwirt in Leitzing gelangen wir über Stephanshart durchs niederösterreichische Mostviertel nach Ardagger Markt. Hier beteten die Flussschiffer im gotischen Kirchlein um sichere Passage der Stromschnellen und hier kehrten sie auch ein.

Ganze drei bemerkenswerte kulinarische Adressen gibt es in dem Ort mit seinen teilweise sehr schön erhaltenen historischen Fassaden. Da wäre zum einen die Miniaturbrauerei des örtlichen Bäckers Franz-Josef Freynhofer, **FREYNI'S BÄCKER BRÄU**. Seit zehn Jahren braut Franz-Josef seine handwerklichen Biere in Kleinchargen und verwendet nur besten Hopfen und Malz aus dem nahen Mühlviertel. Bier zu brauen sei genauso eine Getreideverarbeitung wie Brot zu backen, sagt „Freyni". Seine in Bügelflaschen gefüllten, unpasteurisierten Biere verkauft er demgemäß vormittags auch in der Bäckerei, wirklich interessant wird's am Freitag Abend, da gibt's nämlich Ausschank in der Brauerei mit kleinen Happen. Und nein, dass das Bäcker Bräu ein Frischeprodukt mit begrenzter Haltbarkeit ist, war noch nie ein Problem, es bleibt nämlich nie übrig.

Die nächste interessante Adresse ist das **SCHIFFSMEISTERHAUS**, ein eindrucksvolles Renaissance-Gebäude, das der charismatische Gastronom Bernhard Toferer während 30 Jahren zu einem großartigen Gasthaus samt Hotel machte. Hier wurde geschmackvoll renoviert und dabei die architektonischen Details des stolzen Hauses sehr gut betont. Das Gewölbe

Streckenprofil

Länge: 32 km
Höhenunterschied: eben
Streckenzustand: erstklassig
Sicherheit: hoch
Schwierigkeitsgrad: sehr leicht
Ein- und Ausstiegsmöglichkeit:
Donauschifffahrt Ardagger (Sa, So, Fei Ardagger-Grein), Bahnhof Grein-Bad Kreuzen, Grein Stadt, St. Nikola/Struden, Donauanlegestelle 3/Grein, Donauanlegestelle 4/Ybbs, Bahnhof Amstetten (10 km entfernt), Bahnhof Ybbs an der Donau (5 km entfernt)

←
Einst lebten die Schiffmeister und Lotsen hier gut von der Unberechenbarkeit der Donau, dem Ortskern von Ardagger Markt sieht man den einstigen Wohlstand an.

→
Im frühgotischen Kirchlein am Hügel über Ardagger Markt betete man früher für sichere Überfahrt und genug Wasser unterm Kiel.

Abendliche Stimmung über den Fluren des niederösterreichischen Mostviertels

↑ Das Schiffsmeisterhaus, eine in den 1990er-Jahren geschaffene Gourmetinstitution, in der alte Bausubstanz und moderne Küche vereint werden

↓ Die Stube des Schiffsmeisterhauses, einer der ältesten Teile des geschmackvoll renovierten Renaissance-Gebäudes

des früheren Pferdestalls wurde zu einem eleganten, hellen, fast mediterranen Wintergarten gemacht, ein malerischer Gastgarten ins historische Ambiente integriert. Im Herbst 2020 verstarb Toferer mit nicht einmal 60 Jahren, im Frühling 2021 wurde allerdings wiedereröffnet – wie zuvor mit Regionalküche auf hohem Niveau aus Zutaten der unmittelbarsten Umgebung und immer auch mit einem kleinen Schlenker ins Mediterrane.

Am Ende der Donaulände muss man nun die Greiner Straße überqueren, was nicht ganz ungefährlich ist und beizeiten mit einer Ampel entschärft werden könnte, von hier führt der Weg sehr schön entlang der Einzenbach-Au zum Freizeithafen von Ardagger. Und was soll man sagen: Nach 15 Kilometern durchs Hinterland freut man sich wirklich wieder, die Donau zu sehen. Nicht zuletzt, weil sie sich hier im Strudengau ja auch ganz anders zeigt als im Machland, wo wir sie verließen. Entlang des

Wo einst Gefahr durch die Untiefen und Strudel der wilden Donau drohte, lockte auch Wohlstand für jene, die diese wilden Wasser beherrschten.

steilen Ufers, oft unmittelbar am Wasser, führt uns der Weg zweieinhalb Kilometer zur Donaubrücke Tiefenbach und hier zum berühmten **GASTHOF ZUR DONAUBRÜCKE**.

Seit 2006 führt Hermann Froschauer das historische Haus, 2021 wurde renoviert und modernisiert, durch Panoramafenster sieht man jetzt auf die Brücke und rüber nach Grein, auf der Terrasse bietet sich dieser Blick sogar noch deutlicher (zumindest von den vorderen Plätzen). Hier keine Pause einzulegen, fühlt sich irgendwie falsch an, muss ich sagen, nicht zuletzt, weil da auch ein paar ziemlich gute Sachen auf der Karte stehen: Mostviertler Kalbsbeuscherl mit Mostrahmsauce zum Beispiel, Mostviertler Rinderschmorbraten, Schweinsbraten-Carpaccio mit Birnensenf oder geräucherte Wels-Oberskren-Nockerl. Der Wels stammt übrigens aus St. Thomas am Blasenstein, die Lachsforelle aus Sarmingstein, also alles ganz nahe.

Über die Donau und nach Grein, das sich schon seit Kilometern in all seiner Pracht ankündigt: Das Donautal bildet hier eine Art Arena, in deren Mitte der Granitfelsen „Hohenstein", auf dem 1488 erstmals eine Burg errichtet wurde. Das heutige Schloss Greinburg, im 17. Jahrhundert im Renaissancestil gebaut, kann besichtigt werden und beherbergt auch das oberösterreichische Schifffahrtsmuseum.

Die meisten Radlerinnen und Radler kehren in Grein in der **CAFÉ-KONDITOREI SCHÖRGI** mit ihrer großen Terrasse im ersten Stock ein. Das ist würdig und recht, ich würde dennoch empfehlen, bis zum barocken Stadtplatz mit seinem

↑ Der Stadtplatz des pittoresken Städtchens Grein, das mit Schloss, Donaubeuge und mittelalterlichem Ortskern wirkt wie vom Kulissenmaler geschaffen

↓ Die Café-Konditorei Schörgi unmittelbar an der Greiner Donaulände ist einer der Fixpunkte vieler Donauweg-Radler.

Alten Rathaus, dem Stadtbrunnen von 1600 und der Kirche St. Ägidius vorzustoßen. Und zwar nicht nur wegen des wirklich bemerkenswerten Ensembles, sondern auch wegen eines Kaffeehauses namens **BLUMENSTRÄUSSL**: Das Lokal existiert in dem Haus aus dem 15. Jahrhundert zumindest seit 1876, da übernahm es nämlich Karl Kern, dessen Urururenkel Klaus-Dieter Heilmann es 2016 wieder übernahm und heute führt. Das Blumensträußl ist aber nicht nur alt, es ist auch äußerst schön: Im Jahr 1642 wird die massive Lärchenholz-Decke eingezogen, vor hundert Jahren erhielt es sein Biedermeier-Kirschholz-Design, das bis heute nahezu unverändert intakt geblieben ist und das Blumensträußl damit zu einem der stimmungsvollsten Kaffeehäuser Oberösterreichs macht. Die Mehlspeisen sind hausgemacht, der Kaffee zumindest so gut wie am Land halt üblich und nachdem zum Ensemble auch eine Vinothek gehört, gibt's auch das eine oder andere schöne Glas Wein.

Vom Esperantoplatz führt die „Umi Uma"-Fähre in Form einer zehn Meter langen Holzzille mit zwei Außenbordern und einem frohgemuten Kapitän auf die andere Seite der Donau nach Wiesen. Die gute Nachricht: Die folgenden Kilometer durch Wiesen, Hößgang und Sand, vorbei an der Insel Wörth sind Donauradweg pur, so schön, dass das Herz jubelt. Die schlechte Nachricht: Das **GASTHAUS AM HÖSSGANG**, 2009 von Herrn Fischer nach drei Jahren der Renovierung des etwa 300 Jahre alten Gebäudes eröffnet, machte 2021 vorerst zu. Er sei 80 Jahre alt und begnüge sich damit, das alte Gebäude und seine Rittersaal-artige Gaststube so gut wie möglich zu erhalten, sagt Herr Fischer, gekocht

↑
Ein Bild von einer Stadt: Grein, die frühere und wehrhafte Babenbergerstadt, von der gegenüberliegenden Seite aus gesehen

←
Der Hößgang, einst ein Treppel-
weg für flussaufwärts geschleppte
Schiffe und Kähne, heute ein
Naturbade-Idyll

Der Strudengau in einem Bild zusammengefasst: Die Donau legt hier Schikanen ein, das Tal ist eng, die Landschaft so schön, dass einem das Herz aufgeht. Blick von der Hößgangstraße aus

Wenn es einen richtigen Zeitpunkt für Demut gibt, dann hier: Die Natur bahnte sich im Strudengau über Millionen Jahre ihren Weg durch den Gneis. Wir sind nur kurz hier, aber eingeladen, die Schönheit zu genießen.

werde nur mehr für angemeldete Gruppen. Ich liste das Gasthaus am Hößgang dennoch auf, schließlich will ich die Hoffnung nicht aufgeben, dass es (eventuell sogar mit anderer, besserer Bestuhlung) wieder aufmacht.

Was uns zum Punkt bringt, dass es hier auf 20 Kilometern bis Ybbs keine Einkehrstation gibt, die ich guten Gewissens empfehlen kann.

Auf der anderen Seite sehr wohl, da muss man von Grein allerdings auch 15 Kilometer fahren, und zwar direkt an der Bundesstraße. Dann allerdings ist man im **LANDGASTHOF HINTERLEITHNER**. Und der sieht von außen zwar nicht viel anders aus als andere Landgasthäuser an der Bundesstraße, drinnen aber sehr wohl. Denn Hans-Jörg Hinterleithner kochte jahrelang bei Christian Petz, der wiederum einer der besten Köche war (und vielleicht wieder sein wird, die Hoffnung stirbt zuletzt), die in Österreich je den Löffel rührten. Hinterleithner legt hier nach Vorbild seines Meisters eine auf bodenständigen Rezepten basierende Küche mit Gourmetcharakter vor, also zum Beispiel eine Eierschwammerlsuppe mit Rehravioli oder ein Milchkalbsbeuscherl mit Topfenserviettenschnitte, wie es halt nur ein Petzschüler zusammenbringt. Seit 2021 lässt sich Hinterleithner aber auch von der Küche der thailändischen Heimat seiner Frau Angeli inspirieren, mit dem Effekt, dass da jetzt auch eingelegte Kirschparadeiser mit Gazpacho-Eis und Passionsfrucht, Springrolls vom Reh mit Karotten-Chili-Creme oder über Holzkohle gegrillter Schweinebauch mit Som Tam aus Kohlrabi und Karotten auf der Karte stehen, der blanke Wahnsinn.

Mein Vorschlag: Die Route auf der rechten Seite wählen, die Donau beim Kraftwerk Ybbs-Persenbeug überqueren und die vier Kilometer zurückradeln. Man kann bei der Gelegenheit auch gleich ein handgeschmiedetes Messer bei Stefan und **GEORG GOBEC** erwerben und außerdem erleben, wie der Radweg hier über direkt über der Donau verlegten Gittern verläuft. Hat man ja auch nicht so oft.

Wer sich den Umweg sparen will, hat aber auch in Ybbs Gelegenheit, sehr bis außergewöhnlich gut zu essen. Denn mit der Neugestaltung der Ybbser Stadthalle direkt am Donaukai wurde auch ein modernes, großzügiges Restaurant möglich, das sich die geborene Ybbserin und Wiener Szene-Gastronomin Hannah Neunteufel sicherte. Ihr **DER GUTE FANG** bietet nicht nur eine fast mediterran anmutende Terrasse mit Donaublick, sondern auch modernes Designer-Ambiente und nicht zuletzt eine Fischküche in einer Qualität, wie man sie in Österreich nicht allzu oft antrifft. Und zwar sowohl tagsüber, wo die Bistrokarte Moules frites, Erdäpfelbrot mit frittierten Sardellen, Bouillabaisse oder Fish & Chips vom Waller anbietet (Burger, Kalbs-Wiener, Steak, Beuschel, Risotto und Artischocke aber eh auch), als auch abends, wo Küchenchef Jakob Neunteufel, Hannahs Sohn, dann auch noch ein tagesaktuelles Gourmetmenü zubereitet. Zu Redaktionsschluss im Dezember 2023 geschlossen – hoffentlich bald wieder offen.

Wem Der gute Fang etwas zu urban ist, der wird sich im **BABENBERGERHOF** vielleicht eher wohl fühlen: Seit 2010 führen Karin und Ernst

↑ Der Landgasthof Hinterleithner ist ein Grund, entweder die hier wenig attraktive Donau-Nordseite zu befahren. Oder einfach einen kleinen Umweg zu machen …

← Meisterkoch Hans-Jörg Hinterleithner, seine Frau Angeli und das großartige Küchenteam sorgen hier für ganz große österreichische Küche – mit thailändischen Akzenten.

↑ Der Babenbergerhof unmittelbar an der ehemaligen Stadtmauer der alten Donaustadt Ybbs: gutbürgerliche Küche mit Stil

Gepflegte Stuben, gehobene Tischkultur, eine gute Weinkarte und freundliche Gastgeber – hier kehrt man gerne ein.

Ybbs, das ist die Stadt, die man als Standort des ersten Donaukraftwerks aus der Schule kennt. Ybbs ist aber auch ein Ort, wo man wirklich gut essen kann.

Gruber-Rosenberger das Traditionshaus mit seinen gepflegten Speisesälen und dem lauschigen Gastgarten, gekocht wird erstklassige gutbürgerliche Küche mit saisonalen Akzenten, bei vielen Gerichten sind auch kleinere Portionsgrößen möglich. Im Ybbser Zentrum gibt es übrigens auch ein kleines Fahrradmuseum, in dem bemerkenswerte historische Räder ausgestellt werden.

Oder aber man setzt gleich über nach Persenbeug, zollt dem ältesten Wasserkraftwerk des Landes den notwendigen Respekt, erklimmt den Felsen von Schloss Persenbeug (noch heute in Besitz der Habsburger), biegt rechts in die Schloßstraße ein (Fahrradverbot in diesem Bereich der Donaubundesstraße) und saust in die Persenbeuger Altstadt hinab, Achtung, steil, Bremsen gut im Griff haben!

Am östlichen Rand des kleinen Ortes gelangen wir schließlich zum **GASTHOF BÖHM**, vor gut 150 Jahren als Gastwirtschaft und Seilerei gegründet, seit den 1950er-Jahren in Besitz der Familie Böhm. Ein Landgasthof, wie er im Buche steht, regionale Zutaten werden hier zu wunderbarer Hausmannskost verarbeitet, das Bier stammt aus Münichreith, ein riesiger Nussbaum beschattet den Gastgarten, und wenn am Sonntag gegen 14 Uhr das Bratl aus ist, dann ist es einfach aus und man ahnt, dass es wohl gut war.

→

Ybbs hat einen alten, historischen Ortskern, dem auch Donaufluten nichts anhaben konnten.

↓

Und Ybbs hat auch ein ganz besonderes Museum: Im Fahrradmuseum werden historische Räder der letzten 200 Jahre gezeigt.

←

Die Neugestaltung der Ybbser Donaulände sorgte auch für das außergewöhnliche Restaurant und Bistro „Der gute Fang“.

↓

Schloss Persenbeug, nach wie vor einer der Stammsitze der Habsburger, beherrscht das Bild nicht nur optisch.

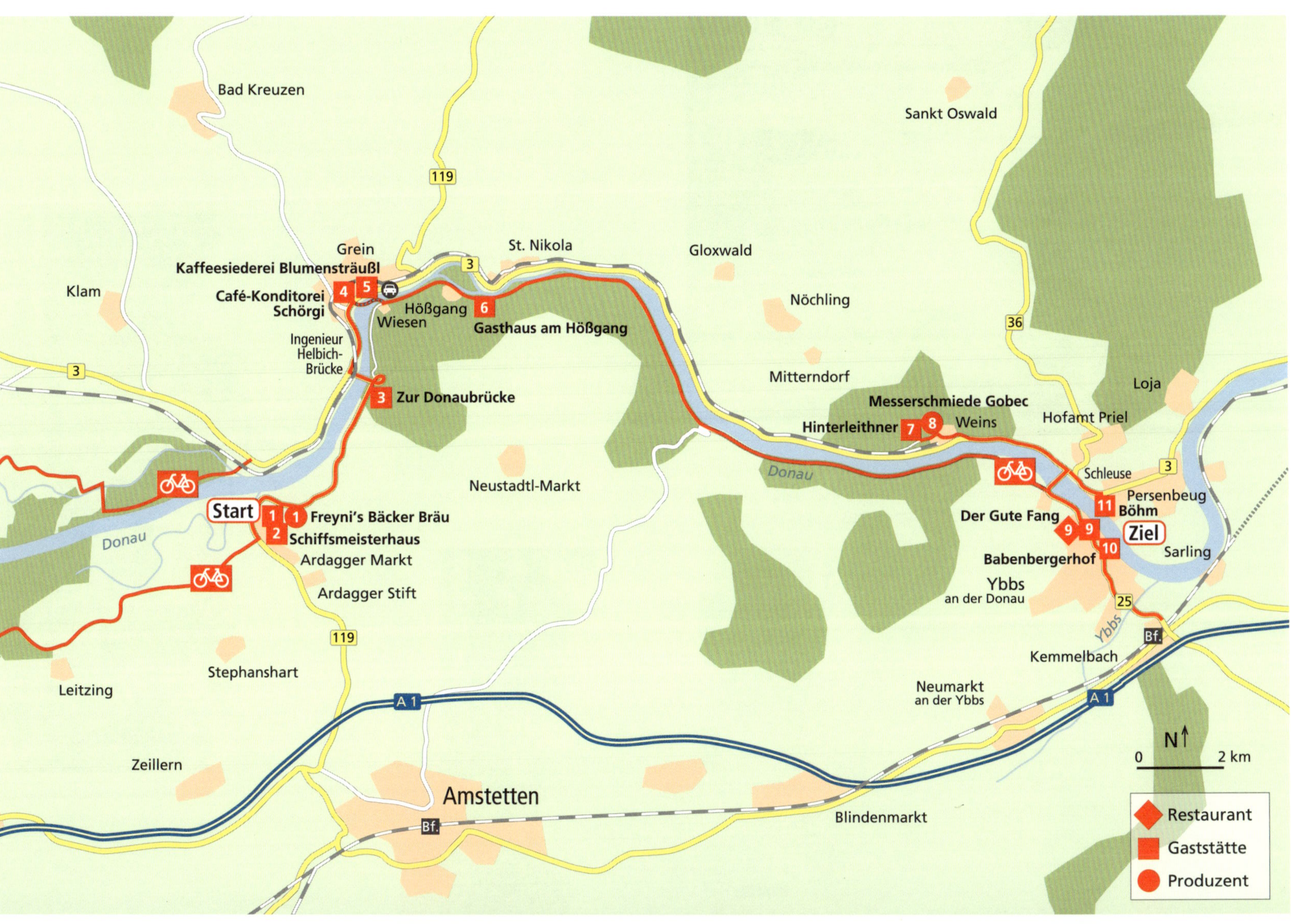
Bad Kreuzen
Sankt Oswald
119
Grein
St. Nikola
Gloxwald
Kaffeesiederei Blumensträußl
Klam
Café-Konditorei Schörgi
4
5
Hößgang
6
Wiesen
Gasthaus am Hößgang
Nöchling
36
Ingenieur Helbich-Brücke
3
Mitterndorf
Loja
3
Zur Donaubrücke
Messerschmiede Gobec
Hofamt Priel
Hinterleithner
7
8
Weins
Donau
Schleuse
Neustadtl-Markt
Persenbeug
Start
1
1
Freyni's Bäcker Bräu
11
Böhm
Der Gute Fang
9
9
Ziel
Donau
2
Schiffsmeisterhaus
10
Sarling
Ardagger Markt
Babenbergerhof
Ybbs an der Donau
Ardagger Stift
25
119
Ybbs
Bf.
Kemmelbach
Stephanshart
Leitzing
A 1
Neumarkt an der Ybbs
A 1
N
Zeillern
0
2 km
Amstetten
Bf.
Blindenmarkt
Restaurant
Gaststätte
Produzent

Die Lokale

1 1 Freyni's Bäcker Bräu
3321 Ardagger Markt 5,
Tel. 0676/956 72 62, Mo–Sa vormittags Flaschenverkauf in der Bäckerei, Ausschank Fr 18–23 Uhr gegenüber in der Brauerei

2 Schiffsmeisterhaus
3321 Ardagger Markt 60,
Tel. 07479/6318, tägl. 11–22 Uhr,
www.schiffsmeisterhaus.at

3 Gasthaus Zur Donaubrücke
3321 Ardagger Markt, Tiefenbach 1,
Tel. 07479/6119, Mo, Do–Sa 8.30–22,
So 8.30–15 Uhr, www.gasthof-froschauer.at

4 Café-Konditorei Schörgi
4360 Grein, Rathausg. 2,
Tel. 07268/350, Mi–Mo 7.30–21 Uhr,
www.schoergi.at

5 Kaffeesiederei Blumensträußl
4360 Grein, Stadtpl. 6,
Tel. 0660/157 74 25, Di–Sa 8–22, So 8–19 Uhr,
www.blumenstraeussl.at

6 Gasthaus am Hößgang
3323 Hößgang 18,
Tel. 0676/438 19 03, www.hoessgang.at

7 Gasthaus Hinterleithner
3681 Weins, Weinserstr. 95,
Tel. 07414/7203, Mi–Sa 11.30–13.30,
17.30–20.30 Uhr, www.hinterleithner.at

8 Messerschmiede Gobec
3681 Weins, Weinserstr. 42,
Tel. 07414/7675, Mo–Do 9–12 Uhr,
www.gobec.at

9 9 Der Gute Fang
3370 Ybbs an der Donau, Donaulände 1,
Tel. 07412/20 801, Do 11–24, Fr, Sa 11–01,
So 11–22 Uhr, www.dergutefang.at

10 Babenbergerhof
3370 Ybbs an der Donau, Wiener Str. 10,
Tel. 07412/543 340, tägl. 11–14,
Mo–Sa 17.30–21 Uhr, www.babenbergerhof.at

11 Gasthof Böhm
3680 Persenbeug, Hauptstr. 16,
Tel. 07412/58 930, Di, Mi, Fr–So 11.30–14.30,
Di, Mi, Fr, Sa 18–20.30 Uhr,
www.gasthof-boehm.at

TOUR

7

Nibelungengau, Ybbs – Emmersdorf

Warum heißt der Nibelungengau Nibelungengau? Liegt hier etwa der Schatz der Nibelungen begraben, lohnt die Suche? Nein, leider, den versenkte Hagen von Tronje der Legende nach im Rhein, nicht in der Donau. Allerdings reiste die Hochzeitsgesellschaft Kriemhilds auf der Donau nach Wien, um dort der Hochzeit der Siegfrieds-Witwe mit dem Hunnenkönig Etzel beizuwohnen. Eingefädelt wurde die Eheschließung von Markgraf Rüdiger von Bechelaren, also Pöchlarn, und daher der Name. Dieser Markgraf Rüdiger ist zwar (wie fast alle anderen auch) eine fiktive Figur, was aber weder der schönen Geschichte noch dem schönen Namen einen Abbruch tun soll.

Der Nibelungengau wird als Etappe des Donauradwegs gern ein bisschen unter seinem Wert gehandelt, weil zwischen dem dramatischen Strudengau und der noch dramatischeren Wachau gelegen, weil – vor allem im Bereich Pöchlarn – durchaus industriell erschlossen und weil die Bundesstraße 3 hier über die Jahrzehnte eine wenig attraktive Verkehrsschneise in die Landschaft gegraben hat.

Dennoch hat der Nibelungengau landschaftlich einiges zu bieten, mit Persenbeug und Melk zwei wunderschöne, alte Ortskerne, mit dem Kraftwerk Ybbs-Persenbeug ein österreichisches Industriedenkmal, mit dem Stift Melk einen der weltweit prachtvollsten Barockbauten. Und auch ganz schön viel Gutes zu essen und zu trinken.

←
Das Stift Melk, ein barocker Fels in der Brandung. Seit 1746 weithin entlang des Donautals sichtbar und auch heute noch ein Touristenmagnet

Die erste empfehlenswerte Station befindet sich zwar sowohl auf der „falschen" Donauseite, müsste also von Ybbs aus angesteuert werden, als auch in der Höhe – es muss für das Erreichen des **GASTHAUS STEINBRÜNDL** eine recht knackige Steigung von 60 Höhenmetern in Kauf genommen werden. Sollte das dennoch in die Tourplanung passen, kann man sich jedenfalls auf ein stimmungsvolles Gasthaus im Blockhausstil neben einer kleinen Wallfahrtskirche im 1960er-Jahre-Stil und einer angeblich wundertätigen Quelle gefasst machen. Der junge Roland Kogler ist Steinbründl-Wirt in sechster Generation und bespielt die gemütliche Gaststube mit bodenständiger Hausmannskost aus regionalen Zutaten, besonders berühmt ist das Haus für seine Backhenderln.

Auf der anderen Seite, dem linken Donauufer, arbeiten wir uns vorerst durch das wenig attraktive Gottsdorf, bis sich die Route kurz nach Metzling wieder an die Donau schmiegt. Auch wenn der (sehr gut ausgebaute) Radweg hier nahe an der Straße verläuft, an der Donau verläuft er noch näher, da bekommt man die Bundesstraße kaum mit. Und am Ortsbeginn von Marbach gibt es dann auch gleich die erste Überraschung: Es gibt hier eine kleine Marina und in diesem Hafen ein Lokal namens **ZUR ALTEN FÄHRE**: eine auf einer ehemaligen Rollfähre errichtete Terrasse, über eine kleine Brücke zu erreichen, mit blau gestrichener Reling und einem kleinen Lokal oben drauf, in dem – zum Umfeld passend – marine Küche angeboten wird. Garnelen mit Kräuterbutter und Baguette

Streckenprofil

Länge: 33 km
Höhenunterschied: eben (Ausnahme Melk: 90 Höhenmeter!)
Streckenzustand: erstklassig
Sicherheit: hoch
Schwierigkeitsgrad: sehr leicht
Ein- und Ausstiegsmöglichkeit: Bahnhof Ybbs/Donau (6 km entfernt), Bahnhof Melk/Donau; Wachaubahn-Stationen (30.5. bis 1.11. viermal pro Tag, Reservierung notwendig) Emmersdorf, Grimsing, Aggsbach Markt, DDSG-Station Melk, DDSG-Station Emmersdorf (nur die MS Wachau); Donauschifffahrt-Anlegestelle Nr. 4/Ybbs, Nr. 5/Marbach, Nr. 6/Pöchlarn, Nr. 7–9/Melk, Nr. 12/Emmersdorf

← Idylle, wo man nicht unbedingt mit Idyllen rechnet: Marbach an der Donau verfügt auch über einen kleinen, lauschigen Jachthafen.

→ Und der soziale Mittelpunkt dieses Hafens ist das Lokal „Zur Alten Fähre": ein auf einer ausrangierten Rollfähre untergebrachtes, uriges Fischlokal

↓
An manchen Stellen Marbachs scheint die Zeit stehen geblieben zu sein. Aber keine Sorge: Die Toilettensituation im Ort ist durchaus zeitgemäß.

↑
Marbach liegt nicht nur hübsch am steilen Donauufer, Marbach war lange Zeit auch letzte Station auf der Pilgerfahrt nach Maria Taferl. Das sorgte für Wohlstand.

↓
Die Konditorei Braun in Marbach: Donauterrasse einerseits und die legendären Schaumrollen andererseits machen den Halt hier zur Pflicht.

→ Landgasthof zur Schönen Wienerin: Ein interessanter Name, die Neugierde wird mit erstklassiger Küche und gutem Bier belohnt.

etwa, Fish & Chips nach „englischem Originalrezept" (allerdings mit Sauce Tartare statt mit Erbsenpüree) oder Garnelenspaghetti. Burger und Backhendl gibt's auch, auf Geschmacksverstärker wird verzichtet, ein durchaus origineller Platz.

Marbach war früher einmal sehr wohlhabend, wie sich an den vielen einst prachtvollen Fassaden und den zahlreichen Gaststätten erkennen lässt, von denen nur ganz wenige überlebt haben. Woher der vergangene Reichtum? „Pilger-Tourismus", erklärt Gerhard Engel, Wirt des **LANDGASTHOFS ZUR SCHÖNEN WIENERIN**, die Wallfahrtskirche hoch über Marbach war früher das, was man heute einen Tourismusmagneten nennen würde.

In den 1950er-Jahren übernahm seine Familie das Haus am Beginn des alten Ortskerns von Marbach. Woher der Name des etwa 200 Jahre alten Gasthauses kommt, kann auch Gerhard Engel nur vermuten, nämlich vielleicht, weil die ersten Wirtsleute im Wiener Stephansdom geheiratet hätten (also fast wie Kriemhild und Etzel ...!). Ganz egal, das Gasthaus mit Stube in einem ehemaligen Stall für die Pferde der Flussschiffer bietet eine angenehm schattige Terrasse mit Blick auf die Donau (über den Parkplatz hinweg), das wunderbare Bier des nahen Haselbräu aus Münichreith und eine gutbürgerliche Küche, bei der einem das Herz aufgeht: Schinkenschöberlsuppe, hausgemachte Gänseleberpastete mit Sauce Cumberland, gebackenes Karpfenfilet aus dem Waldviertel und im Sommer Eierschwammerl in allen nur denkbaren Varianten, die Spezialität des Hauses ist das Altwiener Backfleisch. Und weil etwa 80 Prozent der Gäste von Familie Engel mittlerweile mit dem Fahrrad kämen und Gerhard Engel selbst leidenschaftlicher Radfahrer ist, gibt's hier auch eine Radgarage und jegliches Werkzeug, das man akut benötigen könnte.

Was gibt es noch in Marbach? Natürlich die altehrwürdige **CAFÉ-KONDITOREI BRAUN** mit überdachter Donauterrasse im ersten Stock und mit einem Produkt, dessentwegen die Leute auch von weither kommen (oder es sich weit schicken lassen): die Schaumrolle. Unbedingt probieren, die Kalorien sind wir spätestens in Melk wieder los.

In den schon etwas weniger hübschen Ausläufern Marbachs findet sich dann noch der **GASTHOF HASELBERGER** direkt an der Bundesstraße (über eine Treppe von Bahndamm und Radweg aus erreichbar). Der Familienbetrieb wurde attraktiv renoviert und bietet erfrischende Modernität, die Küche ist bodenständig, der Schweinsbraten aus dem Ofen ist ein Grund, hier einzukehren, auf ansprechende Optik wird hier großer Wert gelegt.

↑
Sieht aus wie ein Badesteg, ist aber zeitgenössische Kunst und Teil der Skulpturen-Agora am Donauufer von Klein-Pöchlarn: Max Bühlmann, „Erika"

„Spiegelwand" von Herbert Golser, 1999: Landschaften, Orte und die beiden Ufer werden durch die Spiegel miteinander vermischt.

→
Das Bild wirkt idyllisch: Die Ruine Weitenegg, ein als Freizeit- und Naturareal genutzter Altarm, und es gibt sogar ein tolles Gasthaus, den Gruber.

Das Donaukraftwerk Melk kommt zwar weder architektonisch noch touristisch ans Stift Melk heran. Aber es erzeugt mehr Strom.

Klein-Pöchlarn hat kulinarisch zwar wenig zu bieten, aber dafür wurden entlang des Radwegs ein paar interessante Skulpturen errichtet. Die Donaubrücke bringt uns Radlern an dieser Stelle wenig (außer, um den Bahnhof Pöchlarn zu erreichen), also weiter am Donauradweg, der hier – Stift Melk schon in Sicht – auch ganz besonders attraktiv ist. Dennoch lohnt es sich – vor allem bei Hunger, Durst oder sonstigem Pausenbedürfnis –, die Piste entlang der Auwald-umgebenen Donau-Altarme in Richtung Weitenegg zu verlassen: ein kleiner Ort, direkt an den Felsen geklebt, gekrönt von der eindrucksvollen Ruine Weitenegg, deren älteste Teile aus dem frühen 12. Jahrhundert stammen.

Und es gibt hier das **WIRTSHAUS GRUBER**, ein mustergültig geführtes Gasthaus, in dem Wirt Johann Gruber selbst in der Küche steht und würzige Surschnitzerln paniert oder Krenfleisch aus der Schweinsschulter siedet. Während der Sommermonate wird am Donnerstag Steckerlfisch von Waldviertler Forellen gegrillt (das ist selten, wie wir mittlerweile wissen, diesen Bereich beherrscht die tiefgefrorene Nordsee-Makrele uneingeschränkt), am Freitag stehen Ripperln am Programm, sonn- und feiertags gibt's ofenfrisches Bratl vom Fritzelsdorfer Strohschwein.

Der Weg zurück zur Donau ist über den Jachthafen St. Georgen kürzer, als wieder zurück zu fahren, und jetzt geht's über das Donaukraftwerk Melk, durch die Melker Au, vorbei an der Wachau-Arena unmittelbar in den Ortskern der alten Stadt am Fuße des barocken Stifts, das immer irgendwie an einen Hochseedampfer erinnert.

Cafe
STADT MELK

←
Melk wirkt wie aus dem Ei gepellt: ein pittoresker Ortskern, darüber das barocke Stift am blanken Fels, die Touristen sind begeistert.

→
Der Gasthof zur Post ist die erste Adresse in Melk, wenn's um gutes Essen geht. Und zwar sowohl für kleine Snacks als auch die mehrgängige Abteilung.

Die pandemiebedingten Lockdowns wurden im Gasthof zur Post genutzt, um aus alten Lagerräumen mondäne Speisesäle zu machen.

Melk ist ein von Touristen stark frequentierter Ort, was – man muss es leider sagen – zur gastronomischen Qualität nicht unbedingt nur beiträgt. Wer genau jetzt Lust auf Burger oder hausgemachte Pasta hat, wird im **KULTURWIRTSHAUS KOLOMAN** fündig. Was es hier außerdem gibt, ist ein schöner Gastgarten, was es allerdings nicht gibt, ist Kultur.

Das **KALMUCK** wiederum erweist sich als modern gestaltete Weinbar mit ein paar Snacks, Antipasti und Toasts, fallweise gibt es Livemusik.

Am besten essen kann man in Melk aber wohl im **GASTHOF ZUR POST**, mit hübschem Gastgarten am Hauptplatz und eindrucksvollem Stiftsblick. Während der Pandemiepause wurden die hinteren Restaurantbereiche des Traditionshauses völlig neu und sehr modern gestaltet, das eher traditionellere Ambiente der Wirtsstube im vorderen Bereich ist allerdings auch gar nicht so urtümlich, wie es vielleicht wirkt: Erst vor 20 Jahren wurde das Stüberl hier aus einer ehemaligen Fleischhauerei gemacht. Ist gut gelungen, muss man sagen.

Was die Post kulinarisch besonders macht, ist das Angebot von – gerade für Genussradler sehr attraktiven – Tapas, also Kleingerichten, von denen man gleich ein paar probieren kann: Brokkoli-Kroketten, gebackene Blunzenradeln oder Wiener Schnecken mit Kräuterbutter zum Beispiel. Auf der „großen" Karte fährt die Post-Küche dann Wachauer Fischsuppe auf, rosa gebratene Rehnüsschen mit gebackenen Eierschwammerl-Schlutzkrapfen oder Tafelspitz mit Apfelkren, Schnittlauchsauce und Semmelkren.

Der steile Anstieg zum Stift lohnt auf jeden Fall, zweifellos das Meisterstück des Barock-Architekten Jakob Prandtauer. Eine Führung durchs Stift ist in 45 Minuten absolviert und hinterlässt niemanden unbeeindruckt, vor allem in der Kirche oder in der Bibliothek bleibt selbst Leuten, die meinen, schon alles gesehen zu haben, die Spucke weg.

Das gastronomische Angebot ist da leider karger: Der barocke **PAVILLON** in der historischen Parkanlage (zu betreten nur mit Ticket) verfügt zwar über eine fantastische Atmosphäre, aber leider nur über ein nicht weiter bemerkenswertes Selbstbedienungs-Café; das **STIFTSRESTAURANT** in der ehemaligen Orangerie versprüht den Charme eines Umspannwerks und dürfte auch eher auf Großgruppen ausgelegt sein.

Das Stift Melk: Wie ein barocker Hochseedampfer scheint es über die Donau oder die Landschaft der oberen Wachau zu gleiten, je nach Perspektive …

Da lieber über Wiener Straße und Spielberger Straße zur Bundesstraße 1, neben der ein Radweg zur Donaubrücke verläuft. Und Achtung, auf der Brücke geht's wirklich ordentlich bergab, manche Rennradfahrer lassen sich da (verständlicherweise) zu Höchstgeschwindigkeiten hinreißen, was angesichts eines 1972 leider recht schmal bemessenen Fußgänger-Radfahrer-Streifens etwas brenzlig werden kann.

Beim Kreisverkehr Emmersdorf können wir uns nun entweder gleich nordöstlich in Richtung Wachau wenden oder aber im Fall von Mittagspause oder anders geartetem Appetit uns ins Zentrum von Emmersdorf begeben. Von außen mag der Ort direkt an der Bundesstraße, mit Parkplätzen und Schiffsanlegestelle zwar etwas abweisend wirken, innen verströmt er aber schon den Charme der Wachau. Und da speziell an der Adresse Marktplatz 7, weil da befindet sich der **GASTHOF ZUM SCHWARZEN BÄREN**, seit Jahrzehnten eines der besten Gasthäuser weit und breit.

Das liegt einerseits daran, dass hier drei Generationen nebeneinander arbeiten, andererseits daran, dass Martin Pritz und seine Söhne Karl und Georg einen sehr engen Kontakt zu lokalen Produzenten pflegen. So sind der Beinschinken vom Duroc-Schwein oder die Bratwürste eine Kooperation mit dem befreundeten Fleischhauer aus dem Nachbarort, dessen Freilandhaltung sogar den WWF-Segen hat, erfährt man. Die Fische der Wachauer Fischsuppe stammen von Züchtern aus der Gegend, das Wildbret überhaupt aus eigener Jagd. Die Wahl fällt da effektiv schwer, umso mehr, wenn auch noch geschmorter Frischling, Krustenschweinsbraten oder Bachsaibling auf der Tageskarte stehen. Der Schwarze Bär ist jedenfalls auch bei Einheimischen sehr beliebt, die Plätze im Gastgarten am Marktplatz unter der alten Kastanie sind heiß begehrt.

Nebenan, im ehemaligen Gasthof Weißes Rössl, hat vor einiger Zeit ein **GENUSSLADEN** aufgemacht, in dem Produkte kleiner, direktvermarktender Landwirtschaftsbetriebe aus dem südlichen Waldviertel und dem Yspertal in Selbstbedienungsmethode angeboten werden. Ein Blick hinein lohnt auf jeden Fall.

Ab Emmersdorf verabschiedet sich der Donauradweg kurzzeitig von der Donau und führt entlang eines Altarms, der uns zur letzten Station im Nibelungengau bringt: **WEISSIS GASTSTUBN** in Grimsing. Vor zehn Jahren machten Andreas und Petra „Weissi" Weißenböck ein Einfamilienhaus an der Bundesstraße zum Gasthaus mit eigenem Parkplatz. Was die Leute hier am liebsten essen? „Hausmannskost!", weiß Andreas Weißenböck. Gebackene Blunzenradeln und das Veltliner-Kalbsrahmbeuschel stehen immer auf der Karte, von fast allen Gerichten kann man auch kleine Portionen bekommen und der Stolz der beiden Weissis ist alles, was mit Marillen zu tun hat, Marillenknödel, Marillensorbet, Marillenröster, Marillenkuchen, denn: Die goldenen Früchte stammen aus der eigenen Plantage. Eine gute Einstimmung auf die Wachau ...

Der Nibelungengau war weitläufig und hell, in Emmersdorf lässt sich die Dramatik der Wachau bereits erahnen. Und verkosten.

Gasthof zum Schwarzen Bären, Emmersdorf: Drei Wirtsgenerationen sorgen hier für bodenständigen Genuss, gerne auch für Radfahrer.

Auf den ersten Eindruck unattraktiv verdient Emmersdorf einen zweiten Blick in den Ortskern: Hier ist schon Wachau.

Moderne Shop-Konzepte machen auch vor dem Donauradweg nicht halt: Der Genussladen in Emmerdorf bietet Regionales im Selfservice-Modus.

N
0
2 km
Restaurant
Gaststätte
Produzent
Start
Ziel
Ybbs an der Donau
Persenbeug
Gottsdorf
Metzling
Loja
Kemmelbach
Sarling
Säusenstein
Wallenbach
1 Steinbründl
2 Zur Alten Fähre
3 Zur schönen Wienerin
4 Braun
Marbach an der Donau
5 Haselberger
Krummnußbaum
Pöchlarn
Brunn an der Erlauf
Golling
Erlauf
Klein-Pöchlarn
Ebersdorf
Ornding
Zelking
Matzleinsdorf
Winden
Münichreith
Reitern
Artstetten
Weinzierl
Eitental
Weiterndorf
Weitenegg
Sankt Georgen
6 Wirtshaus Gruber
Kulturwirtshaus Koloman
Kraftwerk Melk
7 Zur Post
8 Kalmuck
9 Stiftsrestaurant Melk
10 Café im Pavillon
11
Melk
12 Zum Schwarzen Bären
13 Genussladen Emmersdorf
Emmersdorf an der Donau
14 Weissis Gaststubn
Grimsing
Schönbühel an der Donau
Donau
Erlauf
Melk
Ybbs
Bf.
A 1
3
3a
25
33
215
216

Die Lokale

1 Gasthaus Steinbründl
3375 Krummnußbaum, Wallenbach 6, Tel. 02757/3232, Fr–So 11–20, Mo, Di 11–14.30 Uhr, www.steinbruendl.at

2 Zur Alten Fähre
3671 Marbach an der Donau, Campingweg 1, Tel. 0677/626 95 729, Di–So 11–14, 17–22 Uhr, www.faehre-marbach.at

3 Landgasthof zur schönen Wienerin
3671 Marbach an der Donau, Marktstr. 1, Tel. 07413/7077, Do–So 11.30–14, 18–21, Mai–Sept. Mi 18–21 Uhr, www.wienerin.co.at

4 Café-Konditorei Braun
3671 Marbach an der Donau 20, Tel. 07413/203, Mi–So 8–18 Uhr, www.cafe-braun.at

5 Gasthof Haselberger
3671 Marbach an der Donau, Donaustr. 70, Tel. 07413/355, Mo, Di, Fr 10–15, Mo, Di 17.30–23, Sa 10–24, So 9–23 Uhr, www.gh-haselberger.at

6 Wirtshaus Gruber
3652 Weitenegg 10, Tel. 02752/700 31, Do–Mo 9–21 Uhr, www.wirtshausgruber.at

7 Kulturwirtshaus Koloman
3390 Melk, Linzer Str. 25, Tel. 02752/552 65, Mi, Do 17–24, Fr, Sa 17–01, So 11–14, 17–21 Uhr, www.koloman-melk.at

8 Kalmuck
3390 Melk, Hauptstr. 10, Tel. 0660/537 73 88, Mo–Do 11.30–24, Fr, Sa 11.30–02 Uhr, www.kalmuck.net

9 Stiftsrestaurant Melk
3390 Melk, Abt-Berthold-Dietmayr-Str. 3, Tel. 02752/525 55, tägl. 9–18 Uhr, www.stiftsrestaurant-melk.at

10 Café im Pavillon
3390 Melk, Abt-Berthold-Dietmayr-Str. 3, 10–18 Uhr, www.stiftsrestaurant-melk.at

11 11 Zur Post
3390 Melk, Linzer Str. 1, Tel. 02752/523 45, Di–So 11–21 Uhr, www.post-melk.at

12 Zum Schwarzen Bären
3644 Emmersdorf, Marktplatz 7, Tel. 02752/712 49, tägl. 11.30–14, 17–21 Uhr, www.hotelpritz.at

13 Genussladen Emmersdorf
3644 Emmersdorf 8, tägl. 6–22 Uhr

14 Weissis Gaststubn
3644 Emmersdorf, Grimsing 27, Tel. 0664/738 12 456, Mi–Sa 11–16, So 11–15 Uhr, www.weissi.at

Die Wachau, noch ganz ganz urtümlich und unverkitscht: Das Rannahof-Haus, ein Lesehof aus dem 15. Jahrhundert am Ortsende von Schwallenbach

TOUR

8

Wachau

Die Wachau ist zweifellos das bekannteste und beliebteste Teilstück des Donauradweges. Weltkulturerbe, malerische Ortschaften, dramatische Terrassenweingärten, die Weine von Weltklasse ergeben, der Marillenkult sowie eine seit den 1950er-Jahren nahezu fugenlose touristische Erschließung tragen ebenso dazu bei wie die leichte Erreichbarkeit von Wien und Linz (man sieht in Mautern und Krems sehr viele parkende Autos mit Radträgern ...). Und neben der landschaftlichen Schönheit ist die Beliebtheit der Wachau wahrscheinlich schon auch ein bisschen dem Umstand geschuldet, dass man hier an vielen Orten sehr gut essen kann, und zwar auf so ziemlich allen Ebenen zwischen Heurigen und Gourmet-Restaurant.

Das bedeutet für uns: Das wichtigste Fahrradersatzteil für diese Etappe ist eine funktionierende Fahrradglocke, die wichtigste Eigenschaft ist Umsichtigkeit. Denn der Radverkehr auf der Strecke zwischen Melk und Krems kann vor allem an sonnigen Mai- und Juni-Wochenenden ein wenig ausarten, muss man schon sagen. Und nicht alle dieser Radlerinnen und Radler sind routiniert und aufmerksam, nicht alle fahren rechts und hintereinander, nicht alle machen ihre Selfies dort, wo sie andere Radler nicht behindern.

Ich würde daher empfehlen, die Wachauetappe während der Hochsaison nicht gerade am Wochenende zu absolvieren. Ich würde außerdem empfehlen, in Restaurants, die man wirklich gerne besuchen möchte, einen Tisch zu reservieren. Und ich würde drittens dazu raten, die am stärksten beradelte Route am Nordufer zwischen Spitz und Stein zu meiden und da stattdessen aufs Südufer auszuweichen. Hier ist es sehr viel ruhiger, die Orte sind genauso hübsch, der Ausblick mindestens so schön und es gibt auch auf der „stilleren" Seite der Wachau zahlreiche gastronomische Highlights. Und sollte man trotzdem ans Nordufer wechseln wollen, stehen zwischen Spitz und Dürnstein zwei Rollfähren sowie eine kleine Motorfähre bereit.

Auch wenn die Wachau „offiziell“ schon in Melk beginnt, atmosphärisch fängt das erst hier in Aggsbach Markt so richtig an: Nach der Donauenge zwischen Glatzberg und Dunkelsteiner Wald öffnet sich das Tal hier wieder – und bietet das erste Mal den Anblick von Weingärten und Marillenplantagen, und man sieht von hier aus das erste Mal die berühmten Terrassenlagen von Spitz.

Genusstechnisch ist Aggsbach Markt leider noch unergiebig, das ändert sich nach zwei Kilometern aber, denn da kommt Willendorf. Willendorf kennt man als den Ort, an dem im Jahr 1908 die steinzeitliche Frauenfigur der „Venus von Willendorf“ gefunden wurde. Willendorf ist aber auch deshalb bemerkenswert, weil einem die Wachau hier in einer friedlichen Unberührtheit begegnet, die wir später kaum noch zu Gesicht bekommen werden. In Willendorf legen keine Kreuzfahrtschiffe an, es gibt hier nur ein Hotel, der Ort ist klein, ruhig, gesäumt von teils uralten Marillenplantagen und somit berührend schön. Eine meiner beiden Lieblingspassagen des Donauradweges in der Wachau.

Und man kann hier auch gut essen, nämlich im **GASTHOF ZUR VENUS** von Otmar Zeller. Der Gasthof verfügt über eine kleine Terrasse mit Parkplatzblick, einen Speisesaal, der auch größere Gesellschaften bewältigt, und nicht zuletzt eine historische Begebenheit: Nach dem Auffinden der steinzeitlichen Figurine übernachtete die Gruppe um Josef Szombathy hier nämlich, bevor sie am 8. August 1908 damit nach Wien aufbrachen, das heißt, die Venus von Willendorf hat hier im Gasthof eine Nacht verbracht. Der Gasthof hat allerdings auch kulinarisch etwas zu bieten: Otmar Zeller war nämlich schon einmal Niederösterreichischer Landesmeister im Grillen, das heißt, wenn er zum Grillabend läutet, füllt sich der Saal, und wenn er Grillkotelett macht (eines der Highlights seiner Karte), dann ist das ein paar Zentimeter hoch, „nicht einfach zwei so dünne, trockene Schnitzerln wie sonst überall“, sagt er. Außerdem erwähnenswert: das halbe Backhendl vom Sulmtaler Huhn, im ganzen Stück serviert. Da ist man dann froh, dass es von Willendorf nach Schwallenbach eher bergab geht.

Streckenprofil

Länge: 24 km
Höhenunterschied: eben
Streckenzustand: erstklassig
Sicherheit: hoch
Schwierigkeitsgrad: sehr leicht
Ein- und Ausstiegsmöglichkeit: Wachaubahn-Stationen (30.5. bis 1.11. viermal pro Tag, Reservierung notwendig) Aggsbach Markt, Willendorf, Schwallenbach, Spitz an der Donau; Bahnhof Krems an der Donau; DDSG-Station Spitz, Dürnstein, Krems-Stein; Donauschifffahrt-Anlegestellen Nr. 15–16/Spitz, Nr. 17–18/Weißenkirchen, Nr. 19/Rossatz, Nr. 20–22/Dürnstein, Nr. 23–25 Krems

→ Am Anfang wirkt die Wachau noch unberührt, hier ist sie vielleicht am schönsten: Stimmung zwischen Willendorf und Schwallenbach mit Blick auf St. Johann im Mauerthale

Marillenbäume und Weinstöcke, das sind die beiden wichtigsten Bewohner der Wachau, zumindest wenn es um den Genuss geht.

Jeder kennt die Wachau, jeder liebt sie, alle Donauweg-Radler freuen sich auf sie. Und dann ist sie immer doch noch ein bisschen schöner als erwartet.

Schwallenbach ist der vielleicht schönste Ort der ganzen Wachau, wunderschöne, gut erhaltene uralte Häuser, ein mittelalterliches Schloss mit Wehrturm, ein gotisches Kirchlein, der Ort wirkt fast wie eine Filmkulisse. Ein guter Platz, um kurz Pause zu machen, etwa in Birgit Machhörndl-Muthenthalers **M-EINKEHR**, einer kleinen Holzbaracke direkt an der Straße, in der man sich mit Wein, Marillenfleck oder Marillensaft erfrischen kann. Oder gleich daneben beim Hofladen von **STEFAN MUTHENTHALER**, der hier in ansprechendem Ambiente die Produkte seines Wein- und Obstbaubetriebs anbietet, darunter Marillennektar, Weingartenpfirsich-Nektar, Marillenmarmelade, -Chutney oder -Senf.

Weiter geht's vorbei am Spitzer Steinbruch, der sogenannten „Teufelsmauer", einer spektakulären Felsformation, und der Ruine Hinterhaus ans südliche Ortsende von Spitz. Wo wir auch schon beim gastronomischen Highlight dieses von mit Fahrrad, Auto, Bus oder Schiff angereisten Touristen wirklich sehr frequentierten Ortes sind. Und zwar dem **GASTHOF PRANKL, ALTES SCHIFFMEISTERHAUS**.

Anders als bei den meisten anderen Gaststätten wird hier auf „Mariandl"-Kitsch völlig verzichtet, Martin und Birgit Prankl, die davor in diversen Top-Restaurants im Westen Österreichs gearbeitet hatten, renovierten 2012 sensibel, beließen dem seit 1844 von Familie Prankl betriebenen Haus dessen ehrwürdige Anmutung, legten aber küchenmäßig ordentlich zu: Neben gutbürgerlicher Küche mit dezentem Gourmet-Appeal wie Rücken und Bauch vom Ötscherblick-Schwein mit Erbsen und Kohlrabi-

↑ Marillenspezialitäten direkt vom Erzeuger: Familie Muthenthaler macht aus Marillen so ziemlich alles, was man aus Marillen machen kann.

← Schwallenbach, einer der Rohdiamanten der Wachau: 600 Jahre Wachauer Geschichte, die sich im bezaubernden Ambiente niederschlägt

→
Die Weinkeller der Wachauer Star-Winzer sehen heute natürlich anders aus. Aber so lange sind die Zeiten, da hier noch rustikale Weißweine in den Doppler gefüllt wurden, noch gar nicht her.

←
Die Wachauer Terrassenlagen bestehen aus von Hand errichteten Trockenmauern. Das heißt: Die Steine sind nur gelegt, nicht zementiert. Nachhaltiger geht nicht.

↓
Die sogenannte Teufelsmauer beim Spitzer Steinbruch. Die Wachaubahn fährt mitten durch.

Weltkulturerbe Wein: Seit dem Jahr 2000 ist die Landschaft der Wachau Teil des UNESCO-Weltkulturerbes. Und zugleich eine der besten Weinregionen der Welt.

↑ Der Gasthof Prankl im alten Schiffmeisterhaus: Exzellente internationale Küche in unverfälschtem Wachau-Ambiente

↓ Bei Schönwetter haben die Prankls viel zu tun. Es kommen schließlich nicht nur viele Genussradler, die allerdings besonders gern.

Brätlingen in Nussbutter oder Roastbeef mit gebackenem Ochsenschlepp, eingelegten Eierschwammerln und Liebstöckel-Mayonnaise darf's hier durchaus auch ein bisschen internationaler werden: Burrata, Yellowfin-Tuna, gebratene Calamari und Tagliolini mit Sommertrüffel dürfen hier auch auf die Karte. Die Weinkarte ist grandios, die Palatschinken mit (hausgemachter) Marillenmarmelade legendär und gerade bei Radfahrern merke man an der Bestellung, ob sie in Spitz schon am Ziel sind oder ob's noch weitergeht. In letzterem Fall werde eher Gemüse und Salat gewählt, verrät der junge Mann vom Service ...

Hier empfehle ich nun, ans andere Ufer zu wechseln, sprich: mit der Rollfähre nach Oberarnsdorf überzusetzen. Die Strecke führt hier – meistens – unbeirrt von Autoverkehr direkt an der Donau, durch lauschige Wäldchen, mit Blick auf die eindrucksvollen Weingebirge von Wösendorf, Joching und Weißenkirchen am anderen Flussufer.

In St. Lorenz können wir erstens die sogenannte „Wachauer Nase" bestaunen, eine 2014 von der Künstlergruppe „Gelitin" errichtete, aus dem Boden ragende Riesennase. Oder wieder auf die andere Donauseite wechseln, um dort etwa folgende großartige Restaurants aufzusuchen: In der **HOFMEISTEREI HIRTZBERGER**, dem früheren Florianihof, zelebrieren Gastgeber Hartmuth Rameder und Küchenchef Erwin Windhaber eine moderne, leichte Interpretation der Wachauer Küche, in der regionale Zutaten eine wichtige Rolle spielen.

Oder aber man besucht den **PRANDTAUERHOF** von Familie Holzapfel, ein prachtvolles Barockgebäude und ehemaliger Lesehof der St. Pöltner Augustiner-Chorherren. Familie Holzapfel setzte hier in den vergangenen Jahren hauptsächlich auf Hochzeitsgesellschaften, mittlerweile ist es allerdings auch als À-la-carte-Gast wieder leichter geworden, einen Platz in dem farbenfroh-eleganten Gutshof-Restaurant oder dem prachtvollen Hofgarten zu bekommen. Gekocht wird hier eine recht klassische Wachauer Küche mit Akzent auf hübsche Optik und selbst gemachte Zutaten. Die sich im Shop übrigens auch mitnehmen lassen.

Oder aber man kehrt ein im **RESTAURANT JAMEK**, mein persönlicher Favorit in und um Weißenkirchen. Ob man den Jamek noch als klassisch oder schon als konservativ bezeichnen möchte, ist natürlich Ansichtssache, die Hechtnockerln, Topfenhaluschka mit Gurkensalat, eines der besten Kalbsbeuscherln Niederösterreichs oder die gebratene Blutwurst (am besten alle vier in Vorspeisendimension probieren …) gehören zur Wachau aber ebenso dazu wie die Ruine Dürnstein, Grüner Veltliner Smaragd oder Marillenmarmelade. Und dazu ein Gläschen Ried Achleiten oder Ried Klaus.

Ebenfalls empfehlenswert in Weißenkirchen ist das **RESTAURANT HEINZLE**, vor allem wegen der auf Waldviertler und Traisentaler Fisch spezialisierten Karte und wegen des Terrassengartens unmittelbar an der Donau, sonst eher unüblich in der Wachau.

↑
Die zwei Seiten der malerischen Wachau. Weingärten, die den Felsen abgerungen wurden, und Leichtlebigkeit auf den schönen Wellen

Restaurant Jamek, eine Legende. Und zwar wegen des Weins, wegen der gutbürgerlichen Küche und der unverwechselbaren Atmosphäre.

←
Im Heurigen von Bernd Pulker bekommt man nicht nur Wachauer Weine zu trinken. Angeblich wurde auch schon der eine oder andere Franzose aufgemacht ...

Man muss aber nicht unbedingt hinüber auf die Postkartenseite der Wachau. Denn genau hier beginnt die nach Willendorf zweitschönste Passage des Radwegs im Bereich Wachau: Die Strecke führt mitten durch die Weingärten in den kleinen Weinbauort Rührsdorf, wo gleich einmal zwei erwähnenswerte Adressen auf uns warten: einerseits das **WEINGUT POLZ** mit seinem ansprechenden Heurigen samt wirklich schönem Garten, modernem Verkosteraum und einem weitläufigen Wintergarten alias „Salettl". Zu essen gibt's klassische Brettljausen und heurigentypische Aufstriche, die Weine sind gut, hervorzuheben ist der Flaschenautomat, aus dem man sich Veltliner und Riesling auch dann ziehen kann, wenn der Heurige geschlossen hat.

Gleich daneben befindet sich das **LANDGASTHAUS ESSL**, dessen bescheidener Name und unauffälliges Äußeres vielleicht nicht darauf schließen lassen, dass man es hier mit einem der besten Restaurants in der Wachau zu tun hat: modernes Ambiente, ein Laubengarten (leider nach hinten raus) und eine Speisekarte, die den Spagat zwischen verfeinerter Hausmannskost à la Grammelknödel mit Selchspeck, Sauerkraut und Bratensaft und zeitgenössischer Kreativküche wie zum Beispiel Cremesuppe von geschmortem Knoblauch und Sellerie mit Zwiebelküchlein und Ötscherblick-Prosciutto spannt. Steirische Gebirgsgarnele, Zweierlei vom Donaulamm, Wachau Gâteau ... oder gleich ein fünfgängiges Carte-Blanche Überraschungsmenü, der Appetit entscheidet das Programm.

Von hier aus gibt's zwei Möglichkeiten der Weiterfahrt: entweder weiter durch das malerische Ensemble aus Weingärten und Obsthainen (ich kenne Leute, die fahren dieses Stück zweimal hin und zurück, weil's so schön ist) oder hinauf auf die Landesstraße 33, die zwar nicht besonders attraktiv sein mag, aber dafür hat **BERND PULKER** hier seinen Heurigen. Und der ist legendär. Pulker hat eine Gourmetvergangenheit, arbeitete im Steirereck und im Landhaus Bacher, ist gut vernetzt in der internationalen Gourmetszene und machte trotzdem vor 20 Jahren einen Heurigen in einem kleinen Presshaus an der Straße auf. Das Stüberl ürig, der Gastgarten ein Traum, die Lederhose obligatorisch, teure Sportwagen am großen Parkplatz gegenüber selbstverständlich. Bratlfett, Blunzen, Aufstriche sind wirklich gut, seine Punkte macht Bernd Pulker aber regelmäßig mit dem Schweinsbraten, und da vor allem mit dessen unsagbar knuspriger Kruste. Ah ja, und es könnte sogar sein, dass der eine oder andere Bordeaux eines ausgezeichneten Jahrgangs irgendwo im Keller liegt.

Bleiben wir auf der Landesstraße, durchqueren wir Rossatz, den Hauptort am Südufer, und stoßen unmittelbar danach auf ein neues Restaurantprojekt namens **DIE FLÖSSEREI**: Eine Terrasse mitten in den Weingärten mit perfektem Blick nach Dürnstein. Kurz nach Redaktionsschluss wurde bekannt, dass das Konzept, alle Gerichte auf offenem Feuer zuzubereiten, nach nur einem halben Jahr aufgegeben wurde. Ob, wann und mit welcher Küche wieder eröffnet wird, war noch unklar.

↓

Bernd Pulker hat den Wachauer Heurigen mehr oder weniger neu erfunden und die Aufmerksamkeit der Genussmenschen aufs Südufer gerichtet.

↑

Aus einem unscheinbaren Heurigen an der Straße wurde im Lauf der Jahre ein Fixstarter auf der Liste der beliebtesten Heurigen im Land.

←

Beim Pulker gibt es, was es bei anderen Heurigen auch gibt. Nur ist es hier halt besonders gut ...

Aber wie auch immer, die Wachaustraße und der Radweg treffen einander in Rossatzbach, wo uns wieder zwei Möglichkeiten offenstehen. Erstens: mit einer Motorboot-Fähre nach Dürnstein (eine wirklich recht lustige und abenteuerliche Überfahrt) und dort etwa bei der **BÄCKEREI SCHMIDL**, dem Erfinder des Wachauer Laberls, einkaufen; in der jungen Schloss Greisslerei Wachauer Spezialitäten erwerben, prachtvoll frühstücken oder sich an hausgemachter Pasta und Wachauer Laberl mit Hausgeselchtem laben; in der Bahnstation Dürnstein-Loiben das **SAFRANCAFÉ** besuchen, safran-gelbe Mehlspeisen naschen oder Safran-Honig und Safran-Schokolade kaufen. Oder zweitens: zwei Kilometer nach Unterloiben radeln, um dort den legendären **LOIBNERHOF** der Familie Knoll aufzusuchen. Hier ohne Reservierung einen Platz zu ergattern, ist leider nahezu aussichtslos, zu schön der Gastgarten unter den Apfelbäumen, zu herrlich die hier zubereitete Hausmannskost mit französischem Einschlag (und die legendären Innereiengerichte!), zu gut die Knoll-Weine. Und sollte man im Loibnerhof scheitern, ist die **WACHAUERSTUBE LOIBEN** gleich daneben fast genauso super, hier vor allem das Paprikahenderl und das Kalbsrahmbeuscherl. Sehr hübsches Ambiente, kleine Terrasse, übersichtliche Speisekarte sowohl mit Klassikern als auch kreativen Abwechslungen.

Von hier aus dennoch die Route am südlichen Ufer zu wählen, hat den Vorteil, dass sie weniger befahren ist, wirklich hübsch sind die knapp sechs Kilometer bis nach Mautern allerdings nicht. Aber dafür gelangt man zu den letzten zwei kulinarischen Highlights dieser an kulinarischen Highlights sicher nicht armen Etappe, ohne die Donau überqueren zu müssen: das **LANDHAUS BACHER**, eines der besten Restaurants des Landes, schon unter Lisl Wagner-Bacher in den 1980er- und 1990er-Jahren eine Legende, unter der Leitung ihres Schwiegersohns Thomas Dorfer ein Platz, an dem sich heimelig-zeitlose Landhaus-Atmosphäre mit zeitgenössischer Haute Cuisine verbindet. Kleine Anmerkung: Mit Fahrrad-Funktionskleidung ist man hier NICHT korrekt gekleidet; sollte man hier einen Tisch reserviert haben, empfehle ich sehr, zivile Garderobe im Gepäck dabeizuhaben. Und ich empfehle im Fall eines Landhaus Bacher-Besuchs auch sehr, in Mautern zu übernachten, man hat so sicher mehr von dem herausragenden Menü (und der Weinbegleitung).

Steht für Mautern eher die unkomplizierte Verköstigung am Plan, gibt es keinen besseren Platz als den **NIKOLAIHOF**: Mit fast 2000 Jahren Geschichte das älteste Weingut Österreichs, absoluter Pionier des biodynamischen Weinbaus, Weine von Weltruhm, stimmungsvolle Gewölbe mit erstklassiger Tischkultur und ein Hofgarten, in dem einem tatsächlich das Herz aufgeht, so schön. Dazu dann noch eine Heurigenkarte mit starker Beteiligung selbst angebauter Kräuter und warme Gerichte, die man unter der Kategorie „Wachauer Soulfood" laufen lassen kann: geräucherte Ochsenzunge, Fledermaus-Schnitzerl (keine Sorge, Fledermaus ist ein Teil aus der Hüfte vom Schwein), Saumaise, Wildfleischlaberl, eins besser als das andere ...

→ Unterloiben, einer der wesentlichen Weinorte der Wachau. Hier weitet sich das Tal ein wenig und man vermeint, eine mediterrane Stimmung zu spüren.

→ Lebensfreude pur in der Wachauerstube Loiben: prachtvolle Hausmannskost, eine erstklassige Weinkarte und mit etwas Glück (oder Reservierung) bekommt man sogar einen Tisch im Schanigarten.

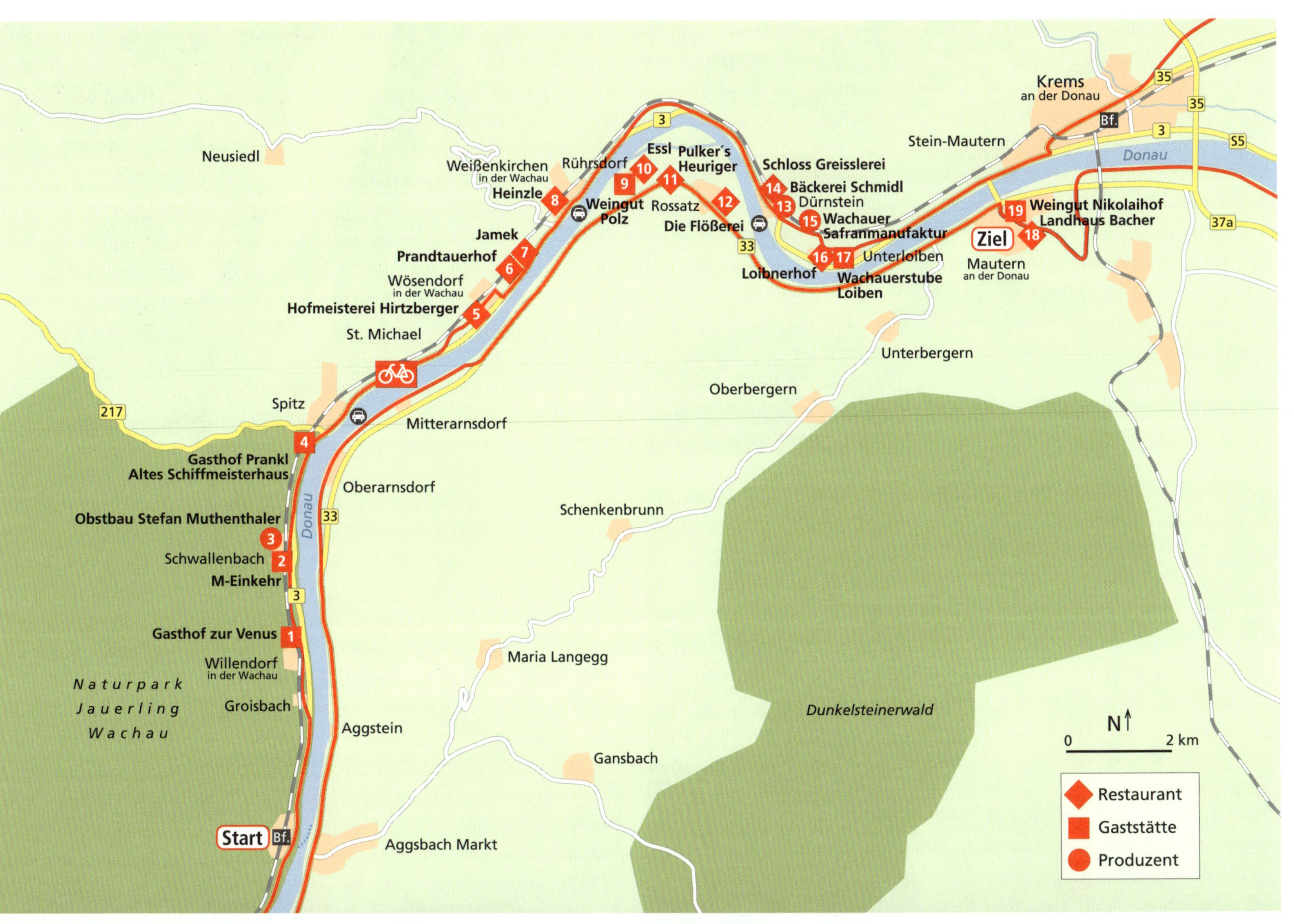

Krems
an der Donau
Stein-Mautern
Donau
Neusiedl
Weißenkirchen
in der Wachau
Heinzle
Rührsdorf
Essl
Pulker´s
Heuriger
Weingut
Polz
Rossatz
Die Flößerei
Schloss Greisslerei
Bäckerei Schmidl
Dürnstein
Wachauer
Safranmanufaktur
Unterloiben
Loibnerhof
Wachauerstube
Loiben
Weingut Nikolaihof
Landhaus Bacher
Ziel
Mautern
an der Donau
Jamek
Prandtauerhof
Wösendorf
in der Wachau
Hofmeisterei Hirtzberger
St. Michael
Unterbergern
Oberbergern
Spitz
Mitterarnsdorf
Gasthof Prankl
Altes Schiffmeisterhaus
Oberarnsdorf
Obstbau Stefan Muthenthaler
Schwallenbach
M-Einkehr
Schenkenbrunn
Gasthof zur Venus
Willendorf
in der Wachau
Groisbach
Naturpark
Jauerling
Wachau
Aggstein
Maria Langegg
Dunkelsteinerwald
Gansbach
Start
Bf.
Aggsbach Markt
N
0
2 km
Restaurant
Gaststätte
Produzent

Die Lokale

1 Gasthof zur Venus
3641 Aggsbach Markt, Willendorf 36,
Tel. 02712/20 202, Mi–Sa 11.30–18.30,
So, Fei 11–14 Uhr, www.gasthof-zur-venus.at/

2 2 M-Einkehr
3620 Spitz/Donau, Schwallenbach 50,
Tel. 0676/780 69 20, tägl. 9–18 Uhr,
www.m-wachau.at

3 Obstbau Stefan Muthenthaler
3620 Spitz/Donau, Schwallenbach 50,
Tel. 0676/501 65 26, tägl. 9–12, 13–18 Uhr,
www.muthenthaler-wachau.at

4 Gasthof Prankl, Altes Schiffmeisterhaus
3620 Spitz/Donau, Hinterhaus 16,
Tel. 02713/2323, Fr–Di 11.30–20 Uhr,
www.gasthof-prankl.at

5 Hofmeisterei Hirtzberger
3610 Weißenkirchen in der Wachau,
Wösendorf 74, Tel. 02715/22 931, Sa 11.30–14,
So 11.30–21, Mo 11.30–14, Do–Mo 18–21 Uhr,
www.hofmeisterei.com

6 Gutshofrestaurant Prandtauerhof
3610 Weißenkirchen in der Wachau,
Prandtauerpl. 36, Tel. 02715/23 10, Fr, So,
Di 10–16, Sa, Mo 10–22 Uhr, www.holzapfel.at

7 Restaurant Jamek
3610 Joching, Josef-Jamek-Str. 45,
Tel. 02715/2235, Di–Do, Sa 11.30–16,
Fr 11.30–14.30, 17.30–23 Uhr, www.jamekwein.at

8 Heinzle
3610 Weißenkirchen in der Wachau 280,
Tel. 02715/2231, Mi–Sa 11–15, 17–22, So 11–16 Uhr,
www.heinzle.at

9 Weingut Polz
3602 Rossatz, Rührsdorf 22, Tel. 02714/63 26,
Öffnungszeiten laut Aussteck-Kalender auf
der Website, www.polzwachau.at

10 Landgasthof Essl
3602 Rossatz, Rührsdorf 17, Tel. 02714/63 84,
Do, Fr 11.30–14, Sa 11.30–14.30, So 11.30–15,
Mi–Sa 18–21 Uhr, www.landgasthaus-essl.at

11 Pulker's Heuriger
3602 Rossatz, Rührsdorfer Kellergasse,
Tel. 0664/393 53 12, Mo, Di, Do, Fr 14–22,
Sa 12–22, So 12–21 Uhr, www.pulkers-heuriger.at

12 Die Flößerei
3602 Rossatz 186, Tel. 02714/200 77,
tägl. 9–22 Uhr, www.harrys.co.at

13 Bäckerei Schmidl
3601 Dürnstein 21, Tel. 02711/2240, Mo–Sa 7–17,
So 8–17 Uhr, www.schmidl-wachau.at

14 14 Schloss-Greisslerei
3601 Dürnstein 32, Tel. 02711/212 666,
tägl. 8–20 Uhr, greisslerei.schloss.at

15 Wachauer Safranmanufaktur
Safrancafé, 3601 Dürnstein 76,
Tel. 0676/332 21 16, Di 9–12, Do 9–12 Uhr,
www.safranmanufaktur.com

16 Loibnerhof
3601 Dürnstein, Unterloiben 7, Tel. 02732/828 90,
Mi–Sa 11.30–20.30, So 11.30–19.30 Uhr,
www.loibnerhof.at

17 Wachauerstube Loiben
3601 Dürnstein, Unterloiben 24,
Tel. 02732/859 50, Fr–Di 11.30–21 Uhr,
www.wachauerstube.at

18 Landhaus Bacher
3512 Mautern, Südtiroler Pl. 2, Tel. 02732/82 937,
Do–Sa 12–13.30, 18.30–20.30, So 11.30–19.30 Uhr,
www.landhaus-bacher.at

19 19 Nikolaihof
3512 Mautern, Nikolaig. 3, Tel. 02732/82 901,
Mi–Fr 17–22, Sa 12–22 Uhr, www.nikolaihof.at

TOUR

9

Tullnerfeld

Das Tullnerfeld ist eine etwa 50 Kilometer lange sowie 20 Kilometer breite Ebene zu beiden Seiten der Donau, geprägt durch Auwälder, durch weite landwirtschaftliche Flächen mit den fürs Tullnerfeld typischen „Windschutzgürteln" in Form langer Pappelreihen und nicht zuletzt durch Kraftwerke.

Das Tullnerfeld an einem Tag durchmessen zu wollen, ist schon eine ordentliche Portion, allerdings: Sehr viel flacher als hier geht gar nicht und den Wind haben wir zu 90 % im Rücken.

Vor allem die Strecke Tulln–Wien zählt – weil Wien-nahe und familienfreundlich ausgebaut – zu den am stärksten frequentierten Abschnitten des Donauradweges, weshalb ich rate, gerade diese Passage nicht unbedingt am Wochenende zu absolvieren. Nach der gastronomisch ja nachgerade pulsierenden Wachau wird es auf den ersten 45 Kilometern dieser Etappe kulinarisch ein bisschen karg, muss man sagen, weshalb ich mir erlaube, einen kleinen Umweg ins Landesinnere vorzuschlagen, der sich auf jeden Fall lohnt.

←
Breiter und ruhiger war die Donau bisher noch nie: Blick von den Weingärten in Hollenburg zurück in Richtung Krems und Stein

Aber zuerst brechen wir einmal in Mautern auf, nicht allerdings, ohne davor noch in der **SCHAUBACKSTUBE KRENN** Energie in Form der Hausspezialität zu tanken: Schaumrollen! Knuspriger Blätterteig, gefüllt mit gesüßtem Eischnee, täglich frisch gemacht, schließlich gelten die Krenn-Schaumrollen als die besten der Wachau, manche sagen sogar ganz Österreichs.

Über den Grünen Weg gelangen wir zum Fladnitzbach, biegen links ab, überqueren über eine Rampe hinauf zur Aggsteiner Straße den Bach und fahren von hier aus wieder direkt an der Donau. Das Stück gegenüber dem Kremser Hafen und bis Hollenburg ist besonders malerisch, der Strom fließt hier breit und ge-mächlich, die Wasserfläche ist beeindruckend.

Wer genau jetzt eine Pause braucht, das **PORTOVELO** ist ein guter Platz dafür: 2017 eröffnete Josef Königslehner, der davor schon das Gasthaus zum Elefanten in Krems/Stein hatte, hier direkt am Radweg ein adrettes Café, in dem auch ganz ansprechend gekocht wird.

Streckenprofil

Länge: 76 km
Höhenunterschied: eben
Streckenzustand: erstklassig
Sicherheit: hoch, streckenweise Landstraße
Schwierigkeitsgrad: sehr leicht
Ein- und Ausstiegsmöglichkeit: Bahnhof Krems/Donau, Bahnhof Traismauer, Bahnhof Tulln, Bahnhof Langenlebarn, Bahnhof Kritzendorf, Bahnhof Klosterneuburg, Bahnhof Nußdorf/Wien; DDSG-Station Krems-Stein, DDSG-Station Tulln

←
Auch den Menschen in Hollenburg stand das Wasser der Donau schon das eine oder andere Mal bis zum Hals …

→
In Hollenburg wird nachweislich seit dem 5. Jahrhundert Weinbau betrieben. Und Weinbau war es auch, der den Hollenburger Schlossherren, der Familie Geymüller, Wohlstand einbrachte.

Christoph Hoch macht nicht nur tolle Weine, er hat den Schaumwein mehr oder weniger neu erfunden. Und gemeinsam mit seiner Frau Julie-Ann braut er jetzt sogar Bier.

Das sogenannte Römertor von Traismauer trägt seinen Namen nicht zu Unrecht: Es war Teil eines römischen Reiterkastells aus dem 3. Jahrhundert.

Fruchtbare Schotterkonglomerat-Böden und die klimatisch ausgleichende Wirkung der Donau begünstigen den Weinbau in Hollenburg.

Neben Kohlenhydrat-Garanten in Form von Pizza und dem unvermeidlichen Schnitzel kann man hier auch mit ein bisschen Fisch und Seafood rechnen.

Hier steht nun die Entscheidung an, dem Lauf der Donau zu folgen, was schön, auf den nächsten sechs Kilometern aber auch recht ereignislos ist. Oder aber wir stechen nach Hollenburg hinauf, ein hübscher, an den Hang geschmiegter Weinbauort, geprägt von seinem barocken Schloss und der frühgotischen Kirche. Hollenburg strotz nur so vor Weinkellern, und auch wenn ich in diesem Buch sonst keine Weingüter vorstelle, möchte ich bei **CHRISTOPH HOCH** eine Ausnahme machen. Der junge Mann begann 2013 nämlich, aus einem tadellosen Weinbaubetrieb ein kompromisslos nach natürlichen Grundsätzen arbeitendes Weingut zu machen. Und er ist wahrscheinlich einer der wenigen Menschen auf der Welt, die flaschenvergorenen Schaumwein ohne Verwendung von Zucker und sogar ohne Hefe-Zusatz keltern können. Das ist absolut faszinierend, seine Pet Nats und Sekte sind eine neue Dimension sprudelnder Mineralität.

Über die Hollenburger Hauptstraße und St. Georgen an der Traisen kürzen wir nach Traismauer ab und sparen so vier Kilometer. Ein weiterer Grund für diese Abkürzung durchs Landesinnere wäre bis vor Kurzem das Weingut Haimel gewesen, das außerdem die älteste Forellenzucht Niederösterreichs betrieb und legendär für seine Räucherforellen und vor allem für den Räucherfisch-Heurigen in der Räucherkammer war. Nach dem viel zu frühen Tod von Johann Haimel im Sommer 2021 wurden Weingut, Fischzucht und der wunderbare Heurige aber aufgegeben, die Fischzucht wurde im Frühling 2023 durch die **FISCHWERKSTATT** von Martin Watz übernommen. Diese bietet ihre Produkte – Filets frisch und geräuchert, Aufstriche, eingelegte und nach Matjes-Art konservierte Fische, Fisch-Sugo und Kaviar – am Donnerstag und Freitag Nachmittag von einem Verkaufswagen aus feil. Wenn man zuvor schon eine Flasche Sekt bei Christoph Hoch gekauft hat und der noch kühl ist, wäre das definitiv eine Option für eine kleine Picknick-Pause.

↑ Der Nibelungenhof, ein Paradebeispiel für sowohl individuelle Formgebung als auch ganz spezielle Küche

Küchenchef Rainer Melichar entwickelte eine großartige Küchenlinie auf Basis von Saucen aus entsafteten Früchten.

Oder wir verschieben diese Erfrischung und fahren zwei Kilometer weiter, zum eigentlichen Grund, von der Donau abzubiegen: dem **NIBELUNGENHOF**. Dieser stattliche Gasthof unmittelbar vor dem historischen Stadttor Traismauers wird in fünfter Generation von Familie Melichar-Haimeder geführt, eindrucksvoll, aber da kommt noch mehr. Rainer Melichar ist seit Jahrzehnten nämlich einer der eigenständigsten und dabei besten Köche Niederösterreichs. In den 1990er-Jahren entwickelte er die sogenannte Succowell-Methode, die Herstellung ausdrucksstarker Saucen und Fonds aus entsafteten Gemüsen und Früchten, die er zu einer gewissen Virtuosität brachte. Und die auch bei Melichars „ganz normaler" Wirtshauskarte zum Einsatz kommt. Das heißt, jedes Gericht hat hier das gewisse Etwas, gegen Vorreservierung kocht Rainer Melichar auch ein Gourmetmenü, bei dem die Begriffe Saisonalität und Regionalität ernster genommen werden, als das sonst der Fall ist. Und wer jetzt fragt, wie man danach denn bitte weiterradeln soll: Es gibt auch ein kleines, apartes Hotel.

Entlang der Traisen und dem Badesee Traismauer gelangen wir wieder zur Donau und hier bei der Marina Traismauer zu einem von Radfahrern am stärksten frequentierten Ort auf diesem Teilstück, dem **DONAURESTAURANT**: Am Ort eines früheren Gasthauses für Schwemmarbeiter und Anlegestelle der einstigen Rollfähre machte es Ende der 1970er-Jahre auf, wurde seither immer größer und prächtiger. An sonnigen Wochenenden drängen sich hier Hunderte Radlerinnen und Radler, um einen Platz auf der weitläufigen Terrasse zu bekommen und „Balkangeheimnis", Zanderfilet „Toskana", Fischer-Jause oder Geflügelsalat „Asia" zu verkosten.

Die nächste Station ist 12 Kilometer weiter, über Treppelweg, Traisenbrücke nach dem Kraftwerk Altenwörth und Überquerung der neuen Traisenmündung (der kleine Fluss erhielt beim Bau des Kraftwerks ein neues Flussbett) erreichbar und auch ein absoluter Donauradweg-Klassiker: Bei der **BÄRNDORFERHÜTTE** stehen zu bleiben ist quasi Pflicht, und zwar nicht nur, weil die Hütte äußerst urig, die Stimmung prachtvoll und die Portionen mächtig sind. Die Bärndorferhütte steht unmittelbar vor dem nach einer Volksabstimmung im Jahr 1978 nie in Betrieb gegangenen Atomkraftwerk Zwentendorf. Der Kontrast der 2002 aus Bestandteilen eines Kärntner Bauernhauses gezimmerten Hütte und dem Betonmonster im Hintergrund ist in der Tat beeindruckend, statt Strom und einer ungelösten Endlagerfrage gibt's hier nun Bärentoast, Hüttensalat und Würstel mit Saft. Die man vielleicht nicht wegen ihres außerordentlichen Geschmacks in Erinnerung behalten wird, aber weil man sie im Angesicht des Atomkraftwerks aß.

Die nächsten 15 Kilometer zählen nicht unbedingt zu den attraktivsten des Donauradweges, sind aber unvermeidlich: Auf der Höhe des Ortes Zwentendorf verlässt die Route die Donau, führt über die „Chemiebrücke" vorbei an Donauchemie, Agrana Stärkefabrik und der Pischelsdorfer Schottergrube. Weiter durch die Ortschaften Langenschönbichl und Kronau (hier riss meinem Kumpel Jürgen einmal die Kette), um endlich in Tulln anzukommen. Und das auch über eine eher umständliche Umfahrungs- und Rampenkonstruktion über die Große Tulln, aber dafür ist der letzte Kilometer entlang der Donaulände umso schöner zu fahren.

←
Die neu gestaltete Donaulände in Tulln: eine schöne Flaniermeile und breite Radwege, was will man mehr?

→
Die legendäre Bärndorferhütte am Fuß des nie in Betrieb gegangenen Kernkraftwerks Zwentendorf. Eine ganz spezielle Umgebung.

EVN
Bärndorfer-
hütte

In Tulln und unmittelbar danach finden wir ein wirklich sehr großes Angebot an außerordentlich guten Lokalen vor, von denen jedes einen anderen Geschmack befriedigen dürfte, gute kulinarische Planung ist in Tulln somit durchaus ratsam.

Da wäre zum einen das **SÜDDECK**, im Zuge der Neugestaltung der Uferpromenade 2022 im Stil eines Beach-Restaurants errichtet: Terrassen unmittelbar an der Donau in mehreren Etagen, Cocktail-Bar, schillerndes Frühstückssortiment mit allem, was heute so dazugehört, und eine Speisekarte mit unvermeidlichen Szenegerichten wie Ceviche vom Wolfsbarsch, Beef tatar mit geräuchertem Eigelb, Lobster-Linguine und Dry Aged Rib Eye Steak mit Chimichurri. Hier ist Tulln hip, hier groovt der Beat.

Eine völlig andere Atmosphäre erwartet einen im **GASTHAUS ZUM GOLDENEN SCHIFF**, einem Tullner Traditionsbetrieb, den Thomas Baumgartlinger in fünfter Generation führt: eine holzgetäfelte Gaststube, in die hochwertige Tischkultur Einzug hielt. Die Küche kann man als „gutbürgerliche Wiener Küche" zusammenfassen, wobei auf die regionale Herkunft der Produkte großer Wert gelegt wird. Geröstete Leber, echtes Wiener Schnitzel vom Kalb mit Erdäpfel-Vogerlsalat, Tafelspitz mit Erdäpfelschmarren oder rosa gebratener Zwiebelrostbraten mit Braterdäpfel – in Italien würde man solch ein Lokal als „Slow Food-Osteria" bezeichnen.

Und dann ist da – etwas außerhalb beim Bahnhof gelegen – natürlich das Gasthaus zur Sonne, Freundinnen und Freunden höchster Gasthauskultur unter dem Namen **SODOMA** bekannt. Dieses Gasthaus ist quasi eine Legende: Josef „Pepi" Sodoma, ehemaliger Betreiber des Bahnhofsbuffets in Tulln, übernahm es Anfang der 1980er, gemeinsam mit seiner Frau Gerti und später den Kindern Markus und Susanne manövrierten sie die einstige Weinstube in die gastronomische Spitzenklasse. Und zwar nicht mit bunten Gelees, gepufftem Irgendwas an souffliertem Nochwas oder einem Dialog von Diesem und Jenem. Die sogenannte „Pinzettenküche" hat bei der Familie Sodoma keinen Auftrag, hier gibt es Grammelknödel mit Krautsalat, Frischkäseravioli mit Nussbutter, Kalbsleber in Balsamico-Sauce oder

↑
Im Gasthaus zum Goldenen Schiff gibt's gutbürgerliche Traditionsküche mit modernem Antlitz.

↓
Fünf Generationen der Familie Baumgartlinger prägten das Traditionsgasthaus. Und das „Buddelschiff" steht da auch schon lange.

←
Tulln erfindet sich gerade ein bisschen neu: Vor allem der Donauufer-Bereich wurde in den letzten Jahren stark aufgewertet.

Palatschinken mit Marillenmarmelade. Nur ist das alles halt perfekt. Und macht einen so glücklich, dass ich Leute schon habe weinen sehen, ohne Schmäh. Dazu kommt, dass die alte Gaststube (es gibt auch einen modernen Bereich, aber die große, hohe, helle Stube mit Schank und Holzbankerln sei die Wahl) eine magische Atmosphäre verströmt. Und natürlich Josef Sodomas einerseits enzyklopädisches Weinwissen und sein ganz offenbar unendlicher Weinkeller. Dieses Gasthaus ist ein Grund, die Tour zu unterbrechen, ich schwöre es.

Dabei sind die nächsten beiden Optionen ebenfalls auf ihre ganz spezielle Weise grandios und auch gar nicht weit weg, nämlich im Nachbarort Langenlebarn fünf Kilometer entfernt.

Das wäre zum einen die **GASTWIRTSCHAFT FLOH**: Josef Floh hatte beim Dreisterner Heinz Winkler in Aschau gekocht, ging 1994 aber zurück ins heimatliche Dorf, übernahm die kleine Gaststube der Eltern und Großeltern und prägte einen damals völlig neuen Küchenstil. Nämlich indem er Klassiker der heimischen Wirtshausküche mit mediterranen oder auch asiatischen Nuancen versah, aber nicht als „Fusion“-Attitüde, sondern um die Stärken eines Gerichts noch zu betonen. Er begründete den Österreich-Ableger der „Jeunes Restaurateurs“, der wahrscheinlich impulsstärksten Köche-Vereinigung in Österreich, und er entwickelte 2009 schließlich sein radikales Projekt „Radius 66“: Zutaten werden, wenn immer möglich, aus der unmittelbaren Region bezogen, und das schon lange, bevor Regionalität ein Marketingschlagwort wurde. Josef Flohs Küche ist kreativ, spannend, überraschend, führt verblüffend vor Augen, was im Tullnerfeld alles wächst.

← Bei Redaktionsschluss gab es sie noch: Eine Petition versucht die provisorische Fußgänger- und Radbrücke über die Kuchelau zu erhalten.

→ Die Wiener Skyline: Nicht mehr geprägt von Stephansdom und Riesenrad, sondern von den Hochhäusern der „Donau City" und der „Waterfront"

Um auch Radlern mit großem Hunger, aber wenig Zeit zu entsprechen, eröffnete er vor ein paar Jahren direkt am Donau-Damm das sogenannte **DONAUGARTL**, in dem Fish & Chips (Saiblingstatar mit Kartoffelchips), Club Steak-Sandwich, Frischkäse-Ravioli und Ähnliches serviert werden.

Eine Gasse weiter und nach vorne zum Bahnhof dann die zweite Top-Adresse, das **RESTAURANT WOLF**. Im Gegensatz zum definitiv unprätentiösen Floh herrscht hier schon eher Gourmetatmosphäre. Unter dem Vorbesitzer, dem Gartenausstatter Praskac, erhielt das einstige Gourmetgasthaus Zum Roten Wolf sein aktuelles, modernes Outfit, 2018 übernahmen Christian Wöber und Lars Nestle, legen hier zwei elaborierte Menüs vor, aus denen sich fünf-, sechs- oder siebengängig speisen lässt. Und ohne den Durchhaltewillen brechen zu wollen, aber: Die Bahnstation liegt unmittelbar daneben.

Oder aber weiter: Zehn Kilometer sind es von hier bis zum Kraftwerk Greifenstein, das erstens eindrucksvoll ist und mit der Burgruine im Hintergrund ein beliebtes Fotomotiv bildet und das zweitens im Sommer eines der beliebtesten Donau-Strandbäder im Wiener Umland darstellt. Hier herrscht Stimmung, hier ist der Bär los, hier kreischen die Kinder, wunderbar, eine gute Gelegenheit bei Streetfood-Standel samt Auftrittsbühne **FRIEDEL GASTRO** ein kleines Getränk oder einen Greif'n Börger einzunehmen und die Atmosphäre wirken zu lassen.

Und von der gibt's fünf Kilometer gleich noch mehr, weshalb ich auf jeden Fall empfehle, bei Kritzendorf nicht die schnellste Variante über die Durchstichstraße zu wählen, sondern

↓ Die Kuchelau, einst eine Art Wartehafen vor Wien, bietet heute eine ganz spezielle Melange aus Kleingarten-Idylle, Luxus-Villen, Natur und Gastronomie.

Je näher man der Großstadt Wien kommt, desto mehr verändert die Donau ihr Gesicht. Sie ist nun nicht mehr primär Transportweg und Energielieferant, sie ist jetzt auch Kulisse, Entertainment und Sportplatz.

dem Strombad Kritzendorf einen Besuch abzustatten: In den 1920er-Jahren war „Kritz-les-Bains" einer der Places to be, Star-Architekten wie Adolf Loos errichteten hier Villen und Bungalows, mit den Nazis verlor die elegante Badeanstalt an Bedeutung, geriet in Vergessenheit, wurde erst in den vergangenen 25 Jahren rekultiviert und erfreut sich aktuell großer Beliebtheit in der Kreativszene Wiens.

Man kann hier aber auch gut essen. Deftig und mit erfrischendem Balkan-Touch etwa im zum historischen Ensemble zählenden **DONAU GRILL & RESTAURANT**. Oder etwas außerhalb des Bades bei der sogenannten Fischerin: Hier hat der Architekt Heinz Holzmann 2021 ein altes Gasthaus unmittelbar an der Donau zur augenblicklich angesagtesten Adresse rundherum gemacht. Auf der großen Terrasse mit Donaublick sieht man und wird gesehen, mit der Saison 2023 übersiedelte das Küchenteam des Wiener Szeneasiaten „Es gibt Reis" fix nach Kritzendorf, wo es in der Fischerin nun für südostasiatische Küche aus regionalen Zutaten sorgt: Green Kohlrabi-Salad statt Papayasalat, Karfiolröschen aus dem Wok mit Wasserspinat aus lokalem Anbau, Lao Sambal Fish mit knuspriger Forelle.

Wer an dieser Stelle des Donauradweges stattdessen Lust auf eher konservative, gutbürgerliche Wiener Küche mit etwas modernerer Optik und vor allem einen schönen Gastgarten zwischen Donau und Golfclub hat, kann eineinhalb Kilometer weiter mit der Rollfähre übersetzen und ins **RESTAURANT TUTTENDÖRFL** einkehren.

Am linken Donauufer kommen wir zweifellos schneller und direkter nach Wien, das rechte Ufer hat auf seinen letzten Kilometern vor der Stadt kulinarisch aber mehr zu bieten: Als da wären das **FLAMINGO** in der Kuchelauer Hafenstraße (Achtung, die Wegweiser „nach Wien" leiten einen auf eine neu angelegte Schotterpiste direkt an der Donau anstatt in die Hafenstraße), ein ehemaliges Traditionslokal am malerischen Kuchelauer Hafen, das 2017 von Familie Özgan übernommen und zum stimmungsvollen Grill-Restaurant mit einladendem Garten unmittelbar am ehemaligen Wartehafen gemacht wurde. Spezialität sind zweifellos die Steckerlfische von Forelle, Makrele, Branzino oder Goldbrasse, aber auch Koteletts, Steaks und Spieße kommen auf den Rost.

Die letzte Station dieser langen Etappe schließlich ist eine Option für solche, die entweder noch wahnsinnig viel Kraft in den Beinen, eine gut geladene Batterie oder am besten beides haben: Zum **HIRT**, einem bis vor Kurzem noch urigen Terrassenheurigen, der 2022 neu übernommen und hübsch renoviert worden ist, geht's über einen Kilometer nämlich 122 Höhenmeter den Kahlenberg hinauf. Das ist sehr, sehr steil. Die Belohnung: prachtvoller Ausblick aufs Kahlenberger Dorf, die Donau und Strebersdorf. Gekocht wird gut, serviert werden modern interpretierte Heurigenklassiker, die Weine sind vom nahen Stiftsweingut Klosterneuburg. Hier liegt einem Wien im wahrsten Sinne des Wortes zu Füßen.

MOTOR-YACHT-CLUB-AUSTRIA
SKI NAUTIQUE

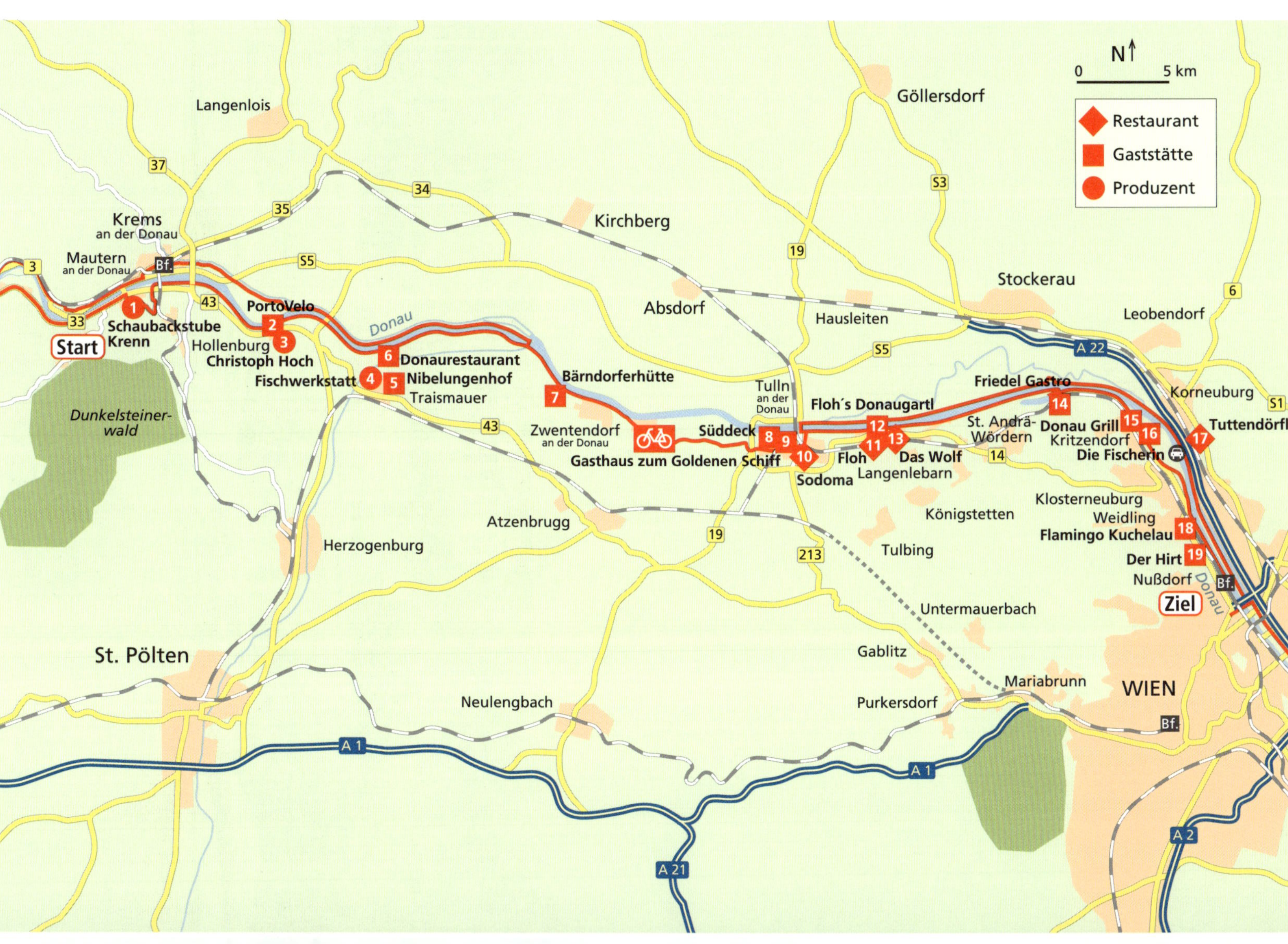
N
0
5 km
Restaurant
Gaststätte
Produzent
Langenlois
Göllersdorf
Krems
an der Donau
Mautern
an der Donau
Kirchberg
Stockerau
Absdorf
Hausleiten
Leobendorf
Korneuburg
Start
1 Schaubackstube Krenn
2 PortoVelo
Hollenburg
3 Christoph Hoch
Donau
6 Donaurestaurant
4 Fischwerkstatt
5 Nibelungenhof
Traismauer
7 Bärndorferhütte
Zwentendorf
an der Donau
Gasthaus zum Goldenen Schiff
Süddeck
Tulln
an der
Donau
8
9
10 Sodoma
Floh's Donaugartl
12
11 Floh
13 Das Wolf
Langenlebarn
Friedel Gastro
14
St. Andrä-
Wördern
Donau Grill
15
Kritzendorf
16 Die Fischerin
17 Tuttendörfl
Klosterneuburg
Weidling
Flamingo Kuchelau 18
Der Hirt 19
Nußdorf
Bf.
Ziel
WIEN
Königstetten
Tulbing
Atzenbrugg
Herzogenburg
Dunkelsteiner-
wald
St. Pölten
Neulengbach
Untermauerbach
Gablitz
Mariabrunn
Purkersdorf
A 1
A 21
A 22
A 2
S1
S3
S5
3
6
14
19
33
34
35
37
43
213

Die Lokale

1 Schaubackstube Krenn
3512 Mautern/Donau, St. Pöltner Str. 7, Tel. 02732/747 43, Di–Do 7–13, Fr 7–16, Sa, So 8–16 Uhr, www.facebook.com/Schaubackstube-Krenn

2 PortoVelo
3506 Hollenburg 994, Tel. 0676/390 57 55, Mo–Do 11–20, Fr 11–21, Sa 9–21, So 9–20 Uhr, www.portovelo.at

3 Christoph Hoch
3506 Hollenburg, Schlosssteig 3, Tel. 0660/656 25 67, Mo–Sa 8–18 Uhr, christoph-hoch.at

4 Fischwerkstatt
3133 Traismauer, Kremser Str. vis à vis Nr. 86, Do, Fr 15–19 Uhr, www.fischwerkstatt.at

5 5 Nibelungenhof
3133 Traismauer, Wiener Str. 23, Tel. 0676/400 46 45, Mi–Sa 12–14, 18–21, So, Fei 12–21 Uhr, www.nibelungenhof.at

6 Donaurestaurant
3133 Traismauer, Donaustr. 64, Tel. 02783/8400, ab 14.2. und Nov. Mi–So 11–15, März, April, Okt. Mi–So 10.30–15, Mai–Sept. Mi–So 9–20.30 Uhr, www.donau-restaurant.at

7 Bärndorferhütte
3435 Zwentendorf, Am Sonnenweg 2, tägl. 9–22 Uhr, www.baerndorferhuette.at

8 Süddeck
3430 Tulln, Donaulände 3, Tel. 02272/23 222, So–Do 8–23, Fr, Sa 8–24 Uhr, www.sueddeck.at

9 Gasthaus zum Goldenen Schiff
3430 Tulln, Wiener Str. 10, Tel. 02272/62 671, Mo–Fr 11.30–14, 18–21 Uhr, www.zumgoldenenschiff.at

10 Sodoma
3430 Tulln, Bahnhofstr. 48, Tel. 02272/646 16, Di–Sa 11.30–14.30, 18–22.30 Uhr, www.gasthaussodoma.at

11 Gasthof Floh
3425 Langenlebarn, Tullner Str. 1, Tel. 02272/62 809, Mo, Fr 9–14, Sa, So 9–15, Do–Mo 17.30–21 Uhr, www.derfloh.at

12 Floh's Donaugartl
3425 Langenlebarn, Donaulände 54, Tel. 02272/62 809, Mo, Fr 10–22, Do 17–22, Sa, So 9–22 Uhr, www.derfloh.at

13 Das Wolf
3425 Langenlebarn, Bahnstr. 58, Tel. 02272/625 67, Do–Sa 11.30–15, Mi–Sa 17.30–23, So 11.30–21 Uhr, www.daswolf.restaurant

14 Friedel Gastro
3422 St. Andrä-Wördern, Donaulände 2, Tel. 0680/312 48 76, Öffnungszeiten wetterabhängig, www.friedelgastro.at

15 Donau Grill Restaurant
3420 Klosterneuburg, Neue Badstr. 11, Tel. 02243/287 42, tägl. 10–22 Uhr, www.donaurestaurantkritzendorf.com

16 Die Fischerin
3400 Klosterneuburg, Donaulände 15, Tel. 02243/323 50, Mi–Fr 16–22, Sa, So 12–22 Uhr, www.diefischerin.at

17 Restaurant Tuttendörfl
2100 Korneuburg, Tel. 02262/724 85, Mi–Sa 11.30–21.30 Uhr, www.tuttendoerfl.com

18 Flamingo
1190 Wien, Kuchelauer Hafenstr. 56, Tel. 01/318 02 15, tägl. 11–22 Uhr, www.flamingorestaurant.at

19 Der Hirt
1190 Wien, Eisernenhandg. 8, Tel. 01/318 59 66, Mi–So 12–22 Uhr, www.derhirt.at

Der sogenannte Schleusenpark am Donaukanal: Ein längst unbrauchbares Fragment einer nicht mehr vorhandenen Schleuse wurde zum Wohlfühlort mitten im Wasser und mitten in der Stadt.

TOUR

10

Wien/Donaukanal

Wien liegt an der Donau, das weiß jeder, der Nachrichtenwert dieser Aussage hält sich in Grenzen. Wobei das eben nur die halbe Wahrheit ist, oder um noch genauer zu sein: nur ein Viertel der Wahrheit. Denn Wien liegt nicht nur an der Donau, sondern auch an der Neuen Donau, an der Alten Donau, und nicht zuletzt am Donaukanal, an diesem sogar besonders.

Denn bis ins Mittelalter war der Donaukanal – bis vor der Regulierung auch „Wiener Arm" genannt – der Hauptzweig des Donaustromes, an seinen Ufern entstand Wien und entwickelte sich zu dem, was es heute ist: eine Weltstadt mit erstaunlich hoher Lebensqualität.

Alle vier Wiener Donauströme lassen sich hervorragend mit dem Fahrrad bereisen, sogar entlang beider Ufer, was acht verschiedene Routen ergäbe. Ein Abstecher zur Alten Donau lohnt auf jeden Fall, wenn ein kleiner Badeausflug, etwa ins legendäre Gänsehäufel, oder gechilltes Rollen entlang malerischer Strandcafés gewünscht wird.

Den Weg entlang der Neuen Donau wählen jene, die Kilometer machen wollen, er ist gerade, breit und schnell, vor allem am Nordufer. Zumindest unter der Woche, am Wochenende oder an Feiertagen wird zwischen Stadlauer Ostbahnbrücke und Steinspornbrücke von Wiens serbischen, kroatischen und türkischen Communitys gegrillt, Volksfeststimmung von März bis Oktober, und das bei jedem Wetter.

Der Weg über die Donauinsel ist in diesem Fall eine weniger turbulente Alternative und kann nicht zuletzt mit einer reizvollen Mischung aus geplanter Landschaft und ursprünglichem Auwald aufwarten. Wobei natürlich auch hier Achtsamkeit unvermeidbar bleibt, vor allem im Bereich Reichsbrücke, wo sich viele Kinderspielplätze befinden.

Das Südufer der Donau lässt sich ebenfalls gut befahren, ist aber – bis auf die buddhistische Friedenspagode und das Kraftwerk Freudenau – wenig spektakulär.

Streckenprofil

Länge: 20 km
Höhenunterschied: eben
Streckenzustand: erstklassig
Sicherheit: hoch
Schwierigkeitsgrad: sehr leicht
Einstiegsmöglichkeit: Bahnhof Wien-Heiligenstadt, Bahnhof Wien-Nußdorf
Ausstiegsmöglichkeit: auf der gesamten Länge, U3 Erdberg

Wir wählen also den Donaukanal, und zwar aus folgenden Gründen: Der Radweg ist einigermaßen gut ausgebaut (zumindest am Südufer, das Nordufer ist eine elende Rumpelpiste); entlang des Donaukanals kommen wir ohne gröbere Hindernisse bis an die Wiener Innenstadt; und nicht zuletzt entwickelte sich am Donaukanal seit 2005 eine der schillerndsten und buntesten Lokalszenen Wiens: Mitten im Stadtzentrum und doch am Wasser, das Spektrum reicht von elegant bis alternativ, an Sommerabenden kann das durchaus ein bisschen was von Tel Aviv haben.

Die ersten beiden empfehlenswerten Labestationen befinden sich zwar nicht direkt am Wasser, wenn gerade jetzt der Magen knurrt und Sie von einer unglaublichen Sehnsucht nach echter Wiener Küche in einem echten Wiener Gasthaus heimgesucht werden, würde ich den 250-Meter-Abstecher ins Landesinnere aber durchaus empfehlen. Denn über die Rampe nach der Friedensbrücke gelangt man via Alserbachstraße und Grundlgasse auf den Spittelauer Platz unmittelbar neben dem (gerade in Renovierung befindlichen) Franz-Josefs-Bahnhof, einem der vielen Wiener Kopfbahnhöfe der ehemaligen k.u.k. Monarchie, heute nur mehr von regionaler Bedeutung.

Der Spittelauer Platz wird gastronomisch eindeutig beherrscht vom **GASTHAUS ORLIK**, einem stolzen, typischen und über 120 Jahre alten Wiener Gasthof mit schirmbeschattetem Vorgarten, großen Fenstern mit schweren Vorhängen und unzerstörbar wirkendem Interieur aus dunklem Holz. Das Publikum hier ist so heterogen wie ganz Wien, lokale Anrainer aus dem „Grätzel“ kommen genauso gerne her wie Reisende, die auf ihre Zugsverbindung warten. Die Karte ist deftig, ur-wienerisch, die Speisen werden mit Liebe zubereitet, Wiener Schnitzel, Cordon bleu, Naturschnitzel, Tafelspitz, Blunzengröstl, Backhendl, alles da. Wirklich interessant ist aber die Spezialkarte: Was sich das Orlik-Team zu saisonalen Themen wie Wild, Spargel oder Spanferkel einfallen lässt, ist beachtlich.

→
Oben: Der Donaukanal als hippe Location für Bars und Cafés
← →
Das Gasthaus Orlik, 120 Jahre Wiener Gastronomiegeschichte. Ribiselwein und Flohhax'n gibt es längst nicht mehr, wunderbare Gasthausküche nach wie vor.

Beim Dessert kann man natürlich auch aufs hiesige Angebot an Nougatknödeln oder Palatschinken zurückgreifen, oder man holt sich den dezenten Zuckerschock gleich daneben in der **TORTERRÍE**, die der litauische Meister-Patissier Mindaugas Levickas 2022 etablierte: Dass es sich bei den edlen Backwerken nicht um Schmuckstücke handelt, erkennt man erst beim zweiten Hinsehen, auch das Interieur erinnert eher an eine Designer-Boutique denn an eine Konditorei. Aber ein Biss macht klar: Ja, man kann die kleinen Kunstwerke nicht nur essen, sie schmecken auch ganz fantastisch. Mit dem Transport der filigranen Kreationen ist das allerdings so eine Sache, wir empfehlen daher: gleich vor Ort genießen.

700 Meter kanalabwärts kommen wir zur sogenannten **SUMMERSTAGE**, einer Art überdachten Tribüne mit mehreren Streetfood-Ständen auf Straßenebene sowie einem über den Donaukanal ragenden Terrassenlokal ein Stockwerk darunter. Die Summerstage war Ende der 1990er-Jahre tatsächlich das erste Projekt, das es wagte, sich an den damals als unattraktiv und schmutzig empfundenen Donaukanal zu platzieren. Und trug damit sicher zu seiner Image-Renaissance bei. Auf der oberen Ebene herrscht launige Spontaneität, auf einer Bühne werden Konzerte abgehalten, das Restaurant am Wasser vermittelt romantische Gediegenheit, die Speisen werden serviert, die Küche lässt sich als austro-asiatisch-mediterrane Szeneküche bezeichnen.

Die nächsten beiden Stationen befinden sich auf der anderen Seite des Donaukanals, der sich über gut ausgebaute Rampen bei der Augartenbrücke für Wiener Verhältnisse gut überqueren lässt. Das Tempo über die nächs-

Der Donaukanal – in nur wenigen Jahren vom übel beleumundeten, kaum beachteten Rinnsal zur hip-urbanen Wohlfühlzone.

ten zwei Kilometer ein bisschen zu drosseln und sich das bunte Treiben anzusehen, kann ich jedenfalls sehr empfehlen. Da wäre zum Beispiel das sogenannte Schützenhaus, ein auffälliger Jugendstilbau unmittelbar am Wasser, den Wiens Architekturikone Otto Wagner 1904 als Teil einer geplanten Schleusenanlage errichtete. Nach der Renovierung im Jahr 2008 zogen diverse Lokale ein – bei Redaktionsschluss etwa das **LIEBFISCH**, ein auf Fisch und Meeresfrüchte spezialisiertes Restaurant.

Die zweifellos erste Adresse in diesem Bereich des Donaukanals aber ist das **NENI AM WASSER**, hier werden Strand-Feeling, Sonnenuntergang über der Skyline und lustvolles Erleben der Stadt auf höchst professionelle Art und Weise zur Symbiose. Zum 100. Geburtstag der Stadt Tel Aviv im Jahr 2009 wurde hier – wie auch in Kopenhagen, New York und Paris – weißer Sand aufgeschüttet und einen Sommer lang Beach Party mit Falafel, Hummus und Pastrami-Sandwich gefeiert. Im Laufe der Jahre etablierte Betreiberin Haya Molcho – mit ihren Neni-Restaurants weit über die Grenzen Österreichs hinaus bekannt – den Standort, das Lokal wurde größer, ganzjahrestauglich, erhielt einen zweiten Stock und den Namen Neni am Wasser. Wie in den anderen Neni-Restaurants wird hier eine äußerst attraktive mediterran-orientalische Küche im Tel-Aviv-Stil geboten, wobei hier der Schwerpunkt auf Fisch und Meeresfrüchten liegt.

Im Folgenden reiht sich ein Lokal ans andere, Cafés, Bars, Streetfood, Burger, alle okay, der Trumpf all dieser Lokale ist aber primär die Location.

← ↑
Das Schützenhaus, ein von Meisterarchitekt Otto Wagner 1904 errichteter Aufbewahrungsort für Schleusenteile. Heute kann man hier essen.

↓
Neni am Wasser: Aus einem Pop-up aus Anlass des 100. Geburtstages der Stadt Tel Aviv wurde einer der wesentlichen Player der Donaukanalgastronomie.

→
Die Waluliso-Brücke über das Entlastungsgerinne „Neue Donau“, eine Ponton-Brücke, benannt nach einem allseits bekannten Stadtoriginal der 1980er-Jahre

←
Das Motto am Fluss, ein zweigeschoßiges Szenelokal in der 2010 errichteten Anlegestation der Twin City-Liners nach Bratislava

↓
Donaukanal, Höhe Rossau: eine Müllverbrennungsanlage von Friedensreich Hundertwasser und ganz viel schöne Wasserstimmung

Der Donaukanal ist Verkehrsroute und Transportweg, urbane Grünoase und turbulente Szene-Location. Das geht sich alles aus, er ist ja auch 17 Kilometer lang …

BADESCHIFF WIEN
BADESCHIFF WIEN
BADESCHIFF WIEN

Das sieht bei den beiden nächsten Kandidaten anders aus, dafür müssen wir aber wieder das Ufer wechseln, was bei der Salztorbrücke entweder per Treppe oder per Aufzug (nach der Brücke) erledigt werden kann. Die 350 Meter am Südufer bis zur Marienbrücke können wir auf Ebene der Straße bleiben, der Radweg hier ist breit und sicher und vor allem hat das **MOTTO AM FLUSS** auch auf dieser Ebene viel zu bieten: Die 2010 eröffnete Landestelle für die Hochgeschwindigkeitsschiffe nach Bratislava in Form einer schwebenden Hochseejacht verfügt nämlich über ein überaus attraktives Terrassen-Café, die Terrassentische zählen (bei Schönwetter) zu den begehrtesten Plätzen der ganzen Stadt. Der Blick über den Fluss ist spektakulär, das Angebot reicht von Aperitivo und Cocktails über sehr passable Snacks internationaler Ausrichtung bis zu einem der wahrscheinlich besten Frühstückssortimente in ganz Wien.

Aber nicht nur das, denn im Stockwerk darunter bietet das Motto am Fluss in atemberaubend elegantem Ambiente eines venezianischen 1950er-Jahre-Ristorante italienisch-wienerische Küche auf hohem Niveau.

Wenige Meter weiter speist man dann auf einem wirklichen Schiff, das wirklich schwimmt, allerdings in völlig anderer Atmosphäre: Das ebenfalls 2010 hier verankerte **BADESCHIFF** wurde aus zwei alten Lastkähnen zusammengeschweißt, einer davon wurde ein im Donaukanal schwimmendes Schwimmbecken, das andere zum heiter-unkomplizierten Szenelokal mit Alternativ-Touch. Auf drei bis vier verschiedenen Decks kann man hier essen, trinken, im Winter Eisstock schießen, gekocht wurde am Badeschiff schon denkwürdig gut, seit einigen Jahren lautet das Motto „Speisen ohne Grenzen“: Köchinnen und Köche aus Afghanistan, Uganda, Syrien und Somalia bereiten Gerichte aus ihrer Heimat.

Und gleich daneben noch eine Möglichkeit, ein interessantes Gebäude auch kulinarisch zu erleben: Die Wiener Urania, ein 1910 im neobarocken Stil errichtetes Volksbildungshaus samt Kino, Puppenbühne und Sternwarte, enthält auch ein Panorama-Café über dem Donaukanal namens **KLYO**. Hier bekommt man noch ein bisschen mehr Szeneküche und hippes Früh-

↑
Motto am Fluss, Oberdeck: Hier hat man einen fantastischen Blick auf Kanal und City, dazu gibt's Cocktails, Snacks, Frühstück und Kaffee.

↓
Motto am Fluss: Am Oberdeck herrscht elegante Terrassenlässigkeit, Marke Südfrankreich, im Unterdeck wird hingegen fein aufgekocht.

←
Das Badeschiff, Pionier der gastronomischen Nutzung des Donaukanals: zwei Lastkähne mit Pool und alternativem Szenelokal

←
Urania, Uniqa-Tower & Co: Spektakuläre Architektur der letzten hundert Jahre drängt sich ans Wiener Stadtgewässer.

→
Kraftwerk Freudenau im Prater: Hier treffen Donaukanal und Donaustrom nach 17 Kilometern wieder aufeinander.

stück, der wirkliche Trumpf des Lokal ist die Dachterrasse direkt unter der Sternwarte. Da die Plätze hier sehr begehrt sind, werden allerdings Zeit-Slots vergeben.

Ganz anders die Situation in der **STRANDBAR HERRMANN** auf der anderen Seite der Wienfluss-Mündung: Dort machten die Besitzer eines nahe gelegenen Lokals 2005 einen verwahrlosten Park zu Wiens zentralstem Beach: tonnenweise Sand, Freiluft-Bars, Streetfood, Liegestühle, DJ, Yoga, Kino und so weiter. Baden lässt sich an dieser Strandbar zwar nicht, Pause machen dafür umso besser. Und es gibt einen Schlauch-Automaten sowie eine Selfservice-Station fürs Fahrrad.

Zwei Stationen sind in diesem Kapitel noch erwähnenswert: erstens die **HAFENKNEIPE**, diesmal wieder am sonnenverwöhnten Nordufer des Kanals, aber nicht nur deshalb eine der definitiv angenehmsten Stationen am ganzen Donaukanal. In der Hafenkneipe kann man zwar auch gut essen und trinken, Steckerlfisch, Pizza, kühles Bier und witzige Cocktails. Aber die Stimmung ist hier anders, weniger kommerziell, hier packt bald mal wer die Gitarre aus oder feiert Party. Die Hafenkneipe ist nicht schick oder hip, sie ist einfach lässig.

Beim zweiten Lokal handelt es sich um das **ZOBA-ECK**. Das klingt jetzt nicht wahnsinnig spektakulär, tatsächlich handelt es sich hierbei aber um das frühere „Steirereck", das beste Restaurant Österreichs, das nach dessen Übersiedlung 2005 zu einem (sehr gut geführten) Ausbildungslokal für Lehrlinge wurde. Für Freunde der österreichischen Gastronomie-Geschichte also ein bedeutender Ort, ab und zu wird zu Übungszwecken auch für Gäste gekocht, allerdings muss man reservieren.

Das war's mit Wien, von hier geht's über die Erdberger Lände, entlang der Ostautobahn (was schlimmer klingt, als es ist), Simmeringer Lände, Freudenauer Hafenstraße und unterm Bahn-Viadukt durch zum Kraftwerk Freudenau, 750 Meter über die Donauinsel bis zur Waluliso-Pontonbrücke und über die Lobgrundstraße in Richtung Orth an der Donau.

Der Kanal verlässt Wien langsam wieder. Die Autobahnen machen zwar Lärm, aber die Ruhe des grünen Praters und der beginnenden Lobau ist lauter …

Die Rossauer Kaserne, 1865 von den Habsburgern erbaut, um rebellische Bürger in Schach zu halten. Heute Sitz des Verteidigungsministeriums und eine der „Landmarks“ am Donaukanal

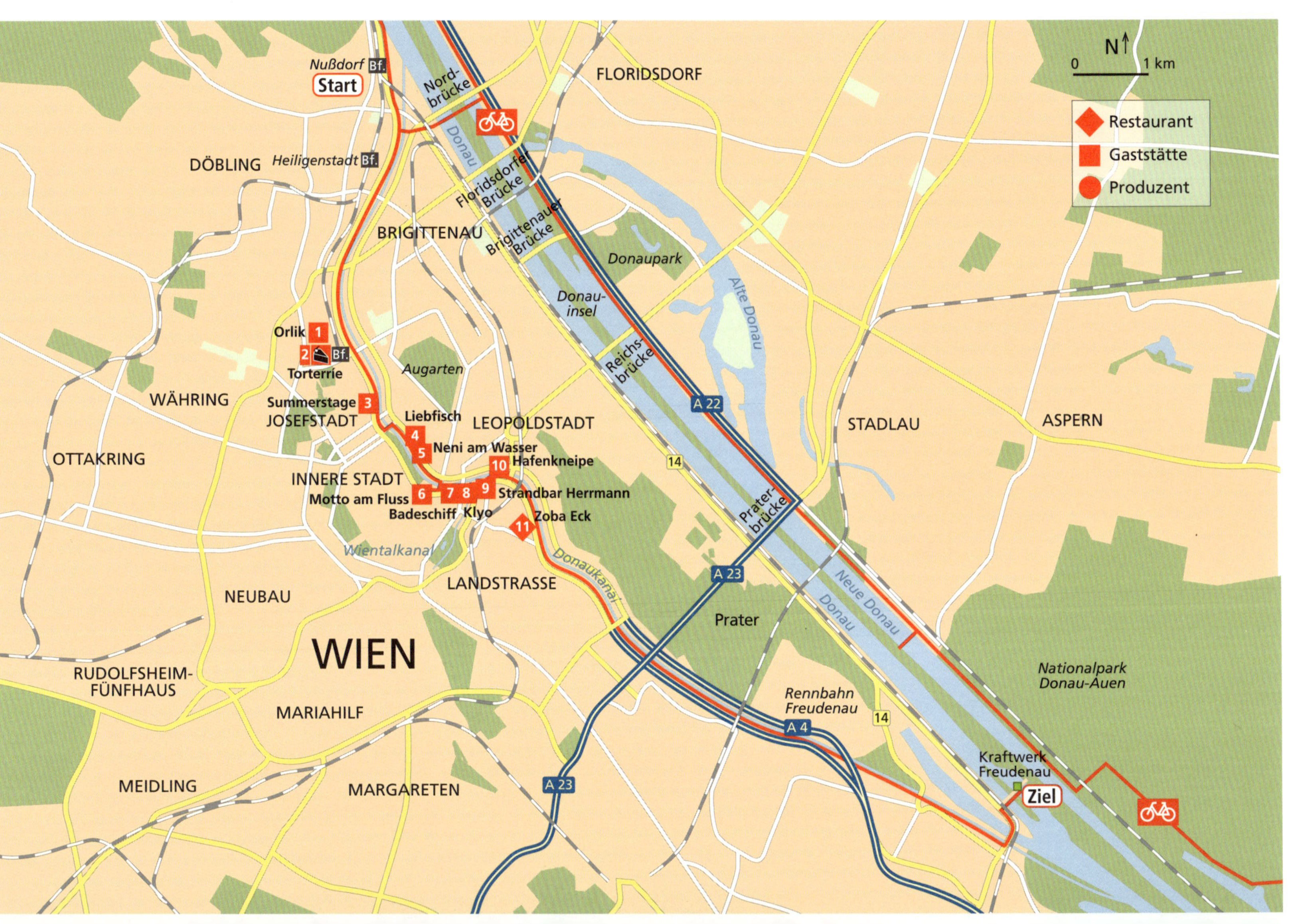

N
0
1 km
Restaurant
Gaststätte
Produzent
Nußdorf Bf.
Start
Nordbrücke
Donau
FLORIDSDORF
DÖBLING
Heiligenstadt Bf.
Floridsdorfer Brücke
BRIGITTENAU
Brigittenauer Brücke
Donaupark
Donauinsel
Alte Donau
Orlik 1
2 Bf.
Torterrie
Augarten
Reichsbrücke
WÄHRING
Summerstage 3
JOSEFSTADT
Liebfisch
4
LEOPOLDSTADT
A 22
STADLAU
ASPERN
OTTAKRING
5 Neni am Wasser
10 Hafenkneipe
14
INNERE STADT
6
7
8
9 Strandbar Herrmann
Motto am Fluss
Badeschiff
Klyo
Praterbrücke
11
Zoba Eck
Wientalkanal
Donaukanal
A 23
LANDSTRASSE
NEUBAU
Neue Donau
Donau
Prater
WIEN
Nationalpark Donau-Auen
RUDOLFSHEIM-FÜNFHAUS
Rennbahn Freudenau
MARIAHILF
A 4
14
Kraftwerk Freudenau
MEIDLING
MARGARETEN
A 23
Ziel

Die Lokale

1 Gasthaus Orlik
1090 Wien, Spittelauer Pl. 1,
Tel. 01/317 21 04, Mo–Fr 11–23, Sa 11–22 Uhr,
www.gasthaus-orlik.at

2 2 Torterríe
1090 Wien, Nordbergstr. 2,
Tel. 0676/441 48 28, Mi–Sa 11–21, So 11–18 Uhr,
www.facebook.com/torterrie

3 Summerstage
1090 Wien, Roßauer Lände 17,
Tel. 01/319 66 44, Mai bis Sept. Mo–Sa 17–01
So 15–01 Uhr, www.summerstage.at

4 Liebfisch
1020 Wien, Obere Donaustr. 26,
Tel. 01/212 42 22, Di–Sa 16–23 Uhr,
www.liebfisch.at

5 Neni am Wasser
1020 Wien, Obere Donaustr. 65,
Tel. 01/438 00 38, Mo–Sa 17–24 Uhr,
neni.at/restaurants/am-wasser/

6 6 Motto am Fluss
1010 Wien, Franz-Josefs-Kai 2,
Tel. 01/252 55 10, tägl. 8–24 Uhr,
www.mottoamfluss.at

7 Badeschiff
1010 Wien, Wolfgang-Schmitz-Promenade,
Tel. 0660/312 47 03, tägl. 9–01 Uhr,
www.badeschiff.at

8 KLYO
1010 Wien, Uraniastr. 1,
Tel. 01/710 59 46, So–Mi 9–23,
Do–Sa 9–24 Uhr, www.klyo.at

9 Strandbar Herrmann
1030 Wien, Herrmannpark,
Tel. 0720/22 99 96, April bis Mitte Sept.
bei Schönwetter Mo–Fr 14–2, Sa, So 10–2 Uhr,
www.strandbarherrmann.at

10 Hafenkneipe
1020 Wien, Henriette-Fahrbach-Promenade/
Franzensbrücke, Mai bis Sept. bei Schönwetter
So–Fr 17–23, Sa 16–23 Uhr,
hafenkneipe.wordpress.com/

11 Zoba Eck
1030 Wien, Rasumofskyg. 2,
https://www.jaw.at/de/kontakt/standorteba/75

TOUR

11

Nationalpark Donauauen

Die Strecke durch die Lobau und die Donauauen ist eine meiner liebsten Touren im Wiener Umkreis: So lange, so gerade und selbst an sonnigen Wochenenden nur schwach frequentiert verläuft in der Umgebung der Hauptstadt kein anderer Radweg. Was vor allem mit dem Rennrad schön ist, da es sich hier richtig gut ziehen lässt, ohne andere durch hohe Geschwindigkeit zu gefährden.

Die Unberührtheit hat aber natürlich auch ihre Nachteile: Mit Infrastruktur welcher Art auch immer muss man hier nicht rechnen, die Versorgungsstationen im Fall einer Panne oder welchen körperlichen Bedürfnisses auch immer sind hier rar gesät und sollten bei der Bewältigung dieses Abschnittes zumindest im Hinterkopf behalten werden.

←
Natur, für die in den 1980er-Jahren gekämpft wurde. Die Donauauen hätten einem Kraftwerk weichen sollen, es kam zum Glück anders, und heute erfreuen wir uns an unberührter Schönheit.

Streckenprofil

Länge: 58 km
Höhenunterschied: eben
Streckenzustand: unterschiedlich
Sicherheit: ausreichend
Schwierigkeitsgrad: leicht
Ein- und Ausstiegsmöglichkeit: U2 Station Wien-Donaumarina, Bahnhof Haslau an der Donau, Bahnhof Regelsbrunn, Bahnhof Petronell-Carnuntum, Bahnhof Bad-Deutsch Altenburg, Bahnhof Hainburg, Bahnhof Wolfsthal, Bahnhof Bratislava-Petržalka

Über die Lobgrundstraße tauchen wir in die Lobau und damit in die Donauauen ein, die das landschaftliche Bild dieser Etappe durchgehend bestimmen werden, zumindest nachdem wir den Ölhafen und das Zentraltanklager hinter uns gebracht haben. Wobei wir uns natürlich fragen: Was macht ein Ölhafen und das Zentraltanklager der Österreichischen Mineralölverwaltung OMV mitten in einem Landschaftsgebiet, für dessen Schutz immer wieder – oft auch erfolgreich – gekämpft wird? Das sind Restbestände der großdeutschen Infrastrukturplanung aus den Jahren 1939 bis 1945, nach der die Lobau der Umschlagplatz für rumänisches Öl über den Donau-Oder-Kanal in den Norden hätte sein sollen.

Diese Zeit ging zum Glück vorbei, der Donau-Oder-Kanal wurde in Österreich nur 2,3 Kilometer lang, verwilderte und dient heute als Wildbadeplatz und Fischteich.

Sollte vor der nächste Labe (mit der erst in 12 Kilometern zu rechnen ist) noch eine Erfrischung gewünscht sein, kann ich das **KNUSPERHÄUSCHEN** an der Panozzalacke sehr empfehlen: Manuela Kahr führt hier seit vielen Jahren einen beschaulichen Imbissstand, der nicht nur durch seine idyllische Lage an dem gerne als Wildbadeplatz genutzten Teich besticht, hier werden auch reichlich deftige Kost und selbst gebackene Mehlspeisen gereicht, gebratene Wurst, Fleischlaibchen, belegte Brote, im Sommer auch Salate. Im Winter bäckt Manuela Kahr übrigens Weihnachtsgebäck. Achtung: Im Sommer 2023 besann sich das Forstamt der Stadt Wien eines Radfahrverbotes in den Naturpassagen der Lobau, es wurden sogar Strafen verhängt. Bis zur Klärung dieser umstrittenen Handhabung daher das Rad besser schieben.

Sonst hält der Ölhafen keine weiteren kulinarischen Attraktionen bereit, zumindest fast keine. Denn 2022 übersiedelte die kleine, für ihre originellen Biere bekannte Ottakringer Craft Brauerei **SCHALKEN** ihre Produktion in den sogenannten „Ølhavn“ („Øl“ dänisch für Bier), eine aufgelassene Lagerhalle eines Logistik-

←
Der Ölhafen Lobau erscheint wie ein Paradoxon – Schweröl mitten in der Grünen Lunge Wiens.
→
Zugleich vermittelt dieser Gegensatz auch einen gewissen Reiz, wenngleich einen etwas dystopischen.

↓
Das Uferhaus in Orth an der Donau, eine gastronomische Institution und ein Karpfen-Kompetenzzentrum

Bei Schönwetter und am Wochenende können die Plätze im Uferhaus-Garten schon eng werden – alle wollen den legendären serbischen Karpfen.

↑
Nachdem sich die Schwerölindustrie schön langsam aus der Lobau zurückzieht, wird der Platz von anderen genutzt, etwa von der Craft Brewery Schalken und der Kaffeerösterei Fürth.

↓
In ehemaligen Werkzeughallen werden hier jetzt handwerkliche Biere gebraut und sensible Spezialkaffees geröstet.

→

Der Name Hainburg ist in Österreich vor allem wegen des Konflikts um das Kraftwerk bekannt. Zu Unrecht, Hainburg hat auch einen wunderschönen Ortskern.

Unternehmens. Ab acht Personen werden eineinhalbstündige Brauerei-Führungen angeboten (allerdings nicht spontan, man muss reservieren), und acht Personen hat eine Rad-Reisegruppe ja bald einmal. Weil „OPA" (Ottakringer Pale Ale), das anlässlich des Weltfrauentags gebraute „Brau Frau" oder das Pumpkin Pie Ale sollte man sich an so einer ungewöhnlichen Location jedenfalls nicht entgehen lassen.

Kurz nach einer Schikane und einem Schranken überqueren wir den vorhin erwähnten Donau-Oder-Kanal und von hier aus geht's 8,5 Kilometer auf breiter Spur entlang des Schutzdamms und durch den wunderschönen Auwald zur sogenannten Schönauer Traverse. Hier überqueren wir einen Donaualtarm und gelangen nach einem kurzen Waldstück und Überquerung eines weiteren Damms zum **RADLERTREFF HERMI**. Dieses in den vergangenen Jahren zu beachtlicher Größe gewachsene Imbisslokal ist zwar alles andere als ein Gourmetparadies, aber die Brathendln sind ebenso legendär wie die Qualität des gezapften Bieres, das reicht, um nicht nur Radler, sondern auch Motorradfahrer und Oldtimer-Gesellschaften anzuziehen.

Die nächsten sieben Kilometer geht es schnurgerade dahin und nachdem der Radweg in diesem Bereich noch recht jung ist, geht es zügig voran.

Bei der Kreuzung mit der Uferstraße in Orth an der Donau müssen wir eine Entscheidung treffen, das heißt, eigentlich zwei: Entweder geradeaus, das geht dann noch 17 Kilometer genau so weiter, ohne jegliche Merkmale menschlicher Zivilisation bis zur Donaubrücke bei Hainburg. Hat zweifellos seinen Reiz, ich empfehle aber die beiden anderen Alternativen. Erstens: bei der Uferstraße rechts abbiegen und einen Kilometer zur Donau rollen, denn dort befindet sich **HUMERS UFERHAUS**, und das zu versäumen, wäre ein Fehler. Eine riesige Terrasse fast unmittelbar an der Donau, beschattet von alten Pappeln und besucht von zahlreichen Ausflüglern. Die unbestrittene Spezialität dieses seit 1906 bestehenden Lokals, das 1936 von der Fischer-Familie Humer übernommen wurde, ist – klarerweise – Fisch. Und zwar der Karpfen. Der heute zwar leider nicht mehr aus der Donau stammt, allerdings setzt das Uferhaus so viel dieses Fisches um, dass es über einen eigenen Kalter verfügt. Angeblich wurde die in ganz Ostösterreich längst sehr populäre Zubereitung „Karpfen auf serbische Art" (mit Knoblauchbutter) hier von Georg Humers Großmutter erfunden, es gibt den Karpfen hier aber auch in ungewöhnlicheren Varianten. Etwa als kalt geräucherter „Karpfenspeck", als „Fischbeuschelsuppe" (Suppe aus Karpfen-Innereien, sehr reichhaltig), als „gebackenen Milchner" (die Samenstränge des männlichen Karpfens paniert, erinnert an Kalbsbries, sehr selten zu bekommen), als Karpfenlaibchen, „blau" in Wurzelsud gegart, im Ofen gebraten

Blick vom Braunsberg über das abendliche Hainburg Richtung Westen. Bis nach Passau sehen wir von hier zwar nicht, aber zumindest Wiens Lichter funkeln am Horizont.

↑ Der Haslauerhof: Roland Lukesch machte ein altmodisches Ausflugsgasthaus zum modernen Restaurant mit moderner Küche.

↓ Von der Haslauerhof-Terrasse sieht man über Donaualtarme und die Auen des Nationalparks.

→ Die „Haslauer Traverse“: Hier kann man das etwas andere Anlanden einer Radfähre erleben, Abenteuer pur ...

oder – die am häufigsten bestellte Variante – gebacken, also paniert (erfreulicherweise auch als kleine Portion zu bekommen). An sehr gut besuchten Tagen kann der Ton beim Personal schon mal etwas rauer sein, aber von so etwas lassen wir uns jetzt, nach über 300 Kilometern, auch nicht mehr erschüttern.

Hier müssen wir die zweite Entscheidung treffen: entweder wieder zurück zum Radweg und weiter Richtung Osten. Oder über die Donau.

Drei Gründe sprechen für die Überquerung: Erstens ist die Überfahrt mit einem kleinen, weißen Außenborder eine lustige Abwechslung und die Anlandung im losen Donauschotter auf der anderen Seite fast ein bisschen abenteuerlich.

Zweitens befindet sich hier unmittelbar nach der Überquerung der sogenannten Haslauer Traverse und einer kurzen, aber beachtlich steilen Bergwertung eines der besten Restaurants des östlichen Niederösterreich, der **HASLAUERHOF**: Besitzer und Küchenchef Roland Lukesch hat das einstmalige Dorfgasthaus mit viel Ambition zu einem fast schon ein bisschen kalifornisch anmutenden Panorama-Terrassen-Restaurant gemacht. Blickfang ist der mitten im Lokal frei stehende Holzofen, der – allerdings nur im Winter – fürs Schaukochen verwendet wird. Aber auch das, was aus der regulären Küche kommt, ist super: Weidelamm, Kaninchen, Gemüse und vor allem Wildbret aus der unmittelbaren Region, Kräuter aus dem eigenen Garten, kreativ und puristisch umgesetzt. Viele schätzen den Haslauerhof wegen der gepflegten Steakkultur, Gemüsegerichte nehmen allerdings zu, nose-to-tail ist für Lukesch Ehrensache und mit etwas Glück bekommt man sogar Donaufisch, der selbst gefangen wurde.

Der dritte Grund, die Haslauer Fähre zu nehmen, ist natürlich Carnuntum. Denn wir haben auf der bisherigen Tour zwar schon viele kulturelle Sehenswürdigkeiten passiert, aber eben keine ehemalige römische Legionsstadt aus dem 2. Jahrhundert mit damals bis zu 50.000 Einwohnern. Seit Ende des 19. Jahrhunderts wurde Carnuntum freigelegt, die Ruinen konserviert, große Teile wie zum Beispiel die Therme mit der weltweit einzigen funktionierenden Hypokaustenheizung rekonstruiert. Erreichbar

ist diese absolut sehenswerte Anlage leider nur über die Bundesstraße 9, die mit ihren Pappelreihen zwar fast ein bisschen wie eine römische Landstraße wirken mag, leider aber nicht über die gesamte Länge mit Radspuren oder Radwegen ausgestattet ist.

Die Chance, auch die römische Esskultur zu zeigen, wird in Carnuntum eher nur halbherzig ergriffen. Aber immerhin gibt es im **FORUM CULINARIUM**, dem Besucherrestaurant des Museumsbereichs, neben Wiener Schnitzel und Pfirsich Melba auch ein paar Gerichte, die vom berühmten Kochbuch des Apicius inspiriert wurden, etwa Lukanische Bratwurst, römischer Linseneintopf oder Salzfisch mit Datteln, Honig und Ei.

Die beste gastronomische Adresse in Carnuntum ist zweifellos das **GASTHAUS ZUM HEIDENTOR**, ein traditionelles Wirtshaus, das sich lange darauf beschränkte, Carnuntum-Besucher zu verköstigen. 2022 übernahm allerdings die junge Generation, verpasste dem Gasthaus einen frischen Anstrich und bietet eine kleine Auswahl von Gerichten, die in der Karte zwar auf den ersten Anschein unspektakulär wirken, allerdings äußerst akkurat zubereitet und auffällig hübsch präsentiert werden.

Über die Wiener Straße verlassen wir Carnuntum und gelangen – vorbei am Amphitheater der Militärstadt Carnuntum – nach Bad Deutsch-Altenburg, das mit einer bemerkenswerten romanisch-gotischen Kirche, einem hübschen Barockschlösschen und einem weiteren Römermuseum, dem Museum Carnuntinum, aufwartet, allerdings keine nennenswerten kulinarischen Begebenheiten bietet. Wir passieren den Ort und seinen Steinbruch daher über Hainburger Straße, Am Stein (hier treffen wir auf die Kollegen, die sich für den Weg durch die Au am Nordufer entschieden), Hollitzerallee und gelangen über die Donaulände nach Hainburg.

←
Nicht direkt am Radweg gelegen, aber den Umweg unbedingt wert: das römische Amphitheater in Carnuntum

↑
Das sogenannte „Heidentor“ in Carnuntum. Heute weiß man, dass es sich um ein spätrömisches Siegesdenkmal handelte.

→
Bis zu 6500 Soldaten waren im römischen Legionslager Carnuntum stationiert. Heute zählt die Ausgrabungsstätte zu einer der wichtigsten in Mitteleuropa.

↓
Der Gasthof zum Goldenen Anker in Hainburg: Ein Durchgang durch den Bahndamm führt zum Gastgarten direkt am Radweg.

Im Goldenen Anker trifft gutbürgerliche Gemütlichkeit auf durchaus moderne Gastronomie: Rindfleisch von der eigenen Herde

↑
Bratislava kündigt sich schon von Weitem an. Und genau das war zu Zeiten des Eisernen Vorhangs auch die Rolle des spektakulären Brückenpfeilers der Nový most.
↓
Die Skyline von Petržalka, Bratislavas boomendem Gewerbe- und Industriestadtteil.

In Wolfsthal übertritt man nicht einfach nur eine Grenze. Hier trennte einst der Eiserne Vorhang zwei politische Systeme.

Und finden hier sogleich das beste Haus im Ort, das Hotel-Restaurant **ZUM GOLDENEN ANKER** direkt an der alten Stadtmauer Hainburgs.

Das Haus aus der Mitte des 17. Jahrhunderts war ursprünglich eine Lederwerkstatt, wurde ab 1885 von Familie Brenner als Gaststätte mit Fremdenzimmern geführt. Die heutige Besitzerin Michaela Gansterer-Zaminer, Urenkelin der Gründer, übernahm den Betrieb 1992 und machte ihn im Lauf der Jahre und Jahrzehnte zu einem modernen, kleinen Hotel mit Restaurant, das einerseits durch seine eindrucksvollen Gewölbe, andererseits durch eine durchaus modern und auch ein bisschen mediterran angelegte gutbürgerliche Küche auf hohem Niveau besticht. Spezialität des Hauses ist Fleisch von Kälbern und Jungrindern – das stammt nämlich von der eigenen Herde aus den Kärntner Nockbergen. Der Gastgarten im Hof ist einladend und angenehm baumbeschattet, auf der anderen Seite des Bahndamms, direkt am Radweg, unterhält der Goldene Anker aber auch noch einen weiteren kleinen Gastgarten mit prachtvollem Donaublick.

Mit dem klassischen Donauradweg, zumindest auf österreichischem Boden, ist hier eigentlich Schluss, um nach Bratislava zu kommen, verlassen wir Hainburg östlich über die Hainburger Straße, kurz nach Ortsende verläuft auf der linken Seite der Bundesstraße, jenseits der Bahngleise, zumindest ein Güterweg, der uns bis knapp vor Wolfsthal bringt.

Am anderen Ende von Wolfsthal startet der Radweg erneut, bringt uns nach knapp vier Kilometern zum Grenzübergang und führt auf einem Damm entlang der Autobahn in Richtung Bratislava. Ein kleiner rechtlicher Hinweis: In der Slowakei herrscht für Radfahrer außerhalb des Ortsgebiets Helmpflicht.

Vor der Lanfranconi-Brücke unterquert der Radweg die E65 und nach zwei Kilometern sind wir quasi vor den Toren von Petržalka, der seit den 1960er-Jahren zum „modernen" Bratislava entwickelten slowakischen Modellstadt. Petržalka strotzt nur so vor Gastronomie, von Fastfood bis zu Ablegern internationaler Gourmet-Restaurants findet man hier eigentlich alles, die Beständigkeit ist allerdings gering.

Und weil wir uns so kurz vor dem Ziel nicht zwischen Plattenbauten und Shoppingmalls verfranzen wollen, bleiben wir einfach an der Donau. Denn auch hier gibt es so viel und interessante Gastronomie, dass sich Linz oder auch Wien gerne ein Stückchen abschneiden können.

Das erste Restaurant, auf das wir stoßen, ist das **AUŠPIC**, ein vor etwa zehn Jahren in einem ehemaligen Ruderclub errichtetes Panorama-Restaurant mit Terrasse. Der Ausblick auf Bratislavas Altstadt und Burg von dieser Terrasse ist spektakulär, gekocht wird eine Art slowakisch-französisch-internationale Fusionsküche, die mal besser, mal weniger gut gelingt.

Hundert Meter weiter dann zweifellos eines der spektakulärsten Lokale in ganz Bratislava, nämlich das **UFO**, 80 Meter über der Erde am Schräg-Pylon der Most SNP-Brücke. Brücke und Restaurant sind Paradebeispiele für die futuristische Architektur kommunistischer Staaten in den 1960er- und 1970er-Jahren. Das – damals noch „Bystrica" genannte – über der Donau schwebende Restaurant war ein tschechoslowakisches Prestigeprojekt, hierher wurden Staatsgäste geladen. 2005 wurde das Ufo neu übernommen, renoviert und mit einer Küche ausgestattet, wie man sie in Osteuropa besonders liebt: Trüffel, Austern, Kaviar, Foie gras, Seeteufel, Kalbsbries, Hamachi und noch mehr Trüffel und Kaviar, bunt gemischt und in fröhlichen Farben dargeboten. Die Anreise mit dem

Aufzug und den Ausblick vergisst man so bald nicht, das ist gewiss, das Preisniveau ist allerdings gesalzen (allein der Aufzug kommt auf ca. zwölf Euro), Plätze ohne lange Vorreservierung sind kaum zu bekommen und diese Art der Bling-Bling-Küche muss man halt mögen.

Das ist hundert Meter weiter im **LEBERFINGER** definitiv anders. Hier handelt es sich um das älteste Gasthaus der Stadt (seit 1895 unter diesem Namen, es ist aber noch viel älter), was man ihm freilich nicht wirklich ansieht, da es irgendwann einmal „scharf" renoviert wurde, wie man sagt. Die in Bratislava sehr potente Roman-Restaurantgruppe gestaltete hier ein alt-slowakisches Gasthaus, das zwar schon ein bisschen an eine Disney-Kulisse erinnert, nimmt man aber hin, denn die Spezialität des Hauses sind gebratene Gänse und Enten aus eigener Zucht, die nicht nur mit Sauerkraut und Rotkraut, sondern auch mit einer Art Erdäpfel-Palatschinken namens Lokša serviert werden. Auch sonst lässt die Karte kaum eine slowakische Tradition aus, gespickter Braten, Germknödel, Bohnensuppe mit geräucherten Ripperln, Knödel, Halusky, Rahmsauce ... Was soll man sagen: Wir haben es uns verdient!

Das **AU CAFÉ** schräg gegenüber gehört zur gleichen Unternehmensgruppe, hier setzt man in 1920er-Jahre-Atmosphäre auf stimmungsvolle Donau-Terrasse, hausgemachte Pasta, Dry Aged Steaks und Dienstag bis Donnerstag Salz- und Süßwasserfisch.

Und wirklich außergewöhnlich wird es dann noch einmal 250 Meter weiter, denn da wurde 2010 auf einem ehemaligen Donauschiff nicht nur eine Brauerei gegründet, sondern vier Jahre später gleich auch noch ein Bierlokal samt Hotel, das **DUNAJSKY PIVOVAR**: Unter Deck eine typische Brauereischank unmittelbar neben den Stahltanks, am Sonnendeck eine idyllische Bier-Bar mit Liegestühlen, kleinem Pool und Blick auf Altstadt, Burg und Neue Brücke. Angekommen.

↑
Kulinarische Donaupark-Idylle in der slowakischen Hauptstadt Bratislava: das wiedereröffnete Au Café

→
Wir hatten auf der Tour schon ein Badeschiff und eine Brauerei im Ölhafen. Das hier toppt beides: Dunajsky Pivovar, eine schwimmende Brauerei plus Bierlokal.

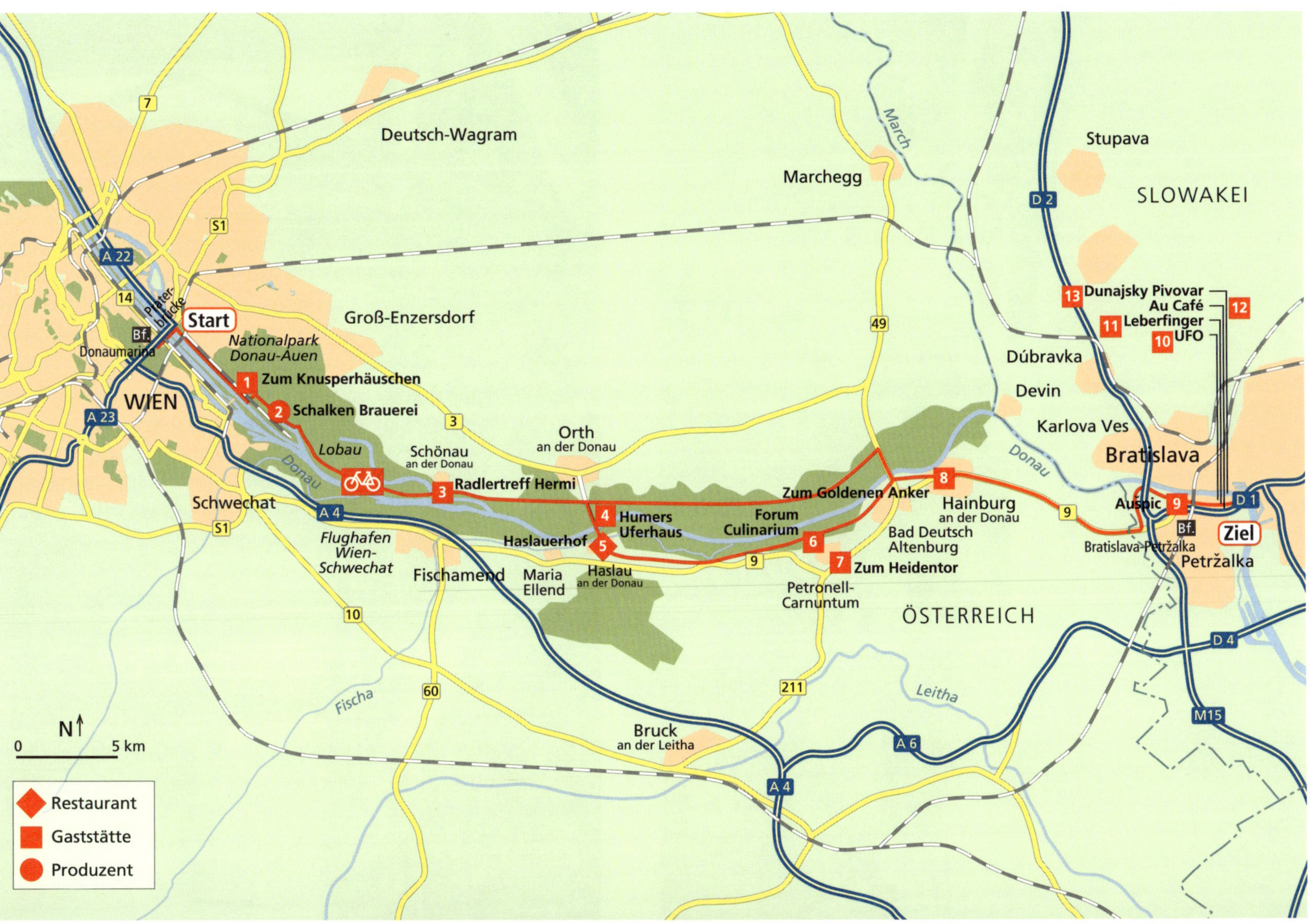

Deutsch-Wagram
Marchegg
Stupava
SLOWAKEI
Groß-Enzersdorf
Start
Prater-brücke
Bf.
Donaumarina
Nationalpark Donau-Auen
1 Zum Knusperhäuschen
2 Schalken Brauerei
WIEN
Lobau
Donau
Schönau an der Donau
3 Radlertreff Hermi
Orth an der Donau
Schwechat
4 Humers Uferhaus
5 Haslauerhof
Flughafen Wien-Schwechat
Fischamend
Maria Ellend
Haslau an der Donau
Forum Culinarium
6
7 Zum Heidentor
Petronell-Carnuntum
Zum Goldenen Anker
8
Hainburg an der Donau
Bad Deutsch Altenburg
ÖSTERREICH
March
Dúbravka
Devin
Karlova Ves
Bratislava
13 Dunajsky Pivovar
Au Café
12
11 Leberfinger
10 UFO
Auspic
9
Bratislava-Petržalka
Ziel
Petržalka
Leitha
Fischa
Bruck an der Leitha
A 22
A 23
A 4
A 6
D 1
D 2
D 4
M15
S1
7
14
3
10
60
49
211
N
0
5 km
Restaurant
Gaststätte
Produzent

1 Zum Knusperhäuschen

1220 Wien, Panozzalacke, Zufahrt über Lobgrundstr., Tel. 0676/965 84 51, Ostern bis Allerheiligen tägl. 9–19 Uhr, www.knusperkahr.at

2 Schalken Brauerei

1220 Wien, Lobgrundstr. 3, Tel. 0670/557 20 51, www.schalken.at

3 Radlertreff Hermi

2301 Schönau an der Donau, Radlertreffweg 1, Tel. 02215/2147, tägl. 9–19 Uhr

4 Humers Uferhaus

2304 Orth an der Donau, Uferstr. 20, Tel. 0664/180 03 22, Do–Di 12–21 Uhr, www.uferhaus.at

5 Haslauerhof

2402 Maria Ellend, Hauptstr. 17, Tel. 02232/80 221, Do–So 11–24 Uhr, www.haslauerhof.at

6 Forum Culinarium

2404 Petronell-Carnuntum, Hauptstr. 1/ Römerstadt, Tel. 02163/2285, tägl. 9–17 Uhr, forum-culinarium.com

7 Zum Heidentor

2404 Petronell-Carnuntum, Hauptstr. 44, Tel. 0650/852 01 70, Mi–Fr 11.30–14, Sa 11.30–14.30, So 11–14.30, Mi–Sa 17.30–21 Uhr, zum-heidentor.at

8 Zum Goldenen Anker

2410 Hainburg, Donaulände 27, Tel. 02165/64810, Mo–Sa 11–22, So, Fei 11–20 Uhr, www.goldeneranker.at

9 Aušpic

85101 Petržalka, Viedenská cesta 24, Tel. +421 919 406 403, Mo 10–21, Di, Mi 10–22, Do–Sa 10–23, So 11–21 Uhr, www.auspic.sk

10 UFO

85101 Petržalka, Most SNP 1, Tel. +421 262 520 300, tägl. 10–23 Uhr, www.u-f-o.sk

11 Leberfinger

85101 Petržalka, Viedenská cesta 257, Tel. +421 903 902 922, tägl. 11–24 Uhr, www.leberfinger.sk

12 Au Café

85101 Petržalka, Tyršovo nábrežie, Tel. +421 903 902 362, Mo–Fr 10–24, Sa, So 11–24 Uhr, www.au-cafe.sk

13 Dunajsky Pivovar

85101 Petržalka, Tyršovo nábrežie, Tel: +421 948 418 934, Mo 16–22, Di–Do 12–22, Fr, Sa 12–23, So 12–22 Uhr, www.dunajskypivovar.sk

Auch vor Errichtung der Most SNP-Brücke mit dem Ufo oben drauf hatte Bratislava schon ein Wahrzeichen: die Burg Bratislavský hrad. Unten: Námestie slobody, der Freiheitsplatz nördlich der Altstadt.

TOUR

12

Bratislava

Bratislava, die Hauptstadt des 5,5-Millionen-Einwohnerstaates Slowakei, ist um ein Drittel größer als Österreichs zweitgrößte Stadt Graz und mit dem Zug von Wien in kürzerer Zeit erreichbar als Eisenstadt. Und dennoch hat man hier ein bisschen das Gefühl, sich in einer anderen Welt zu befinden – 44 Jahre Eiserner Vorhang wogen da offenbar schwerer als die 355 Jahre währende gemeinsame Geschichte von Bratislava/Pressburg und Österreich.

Was Bratislava aber natürlich auch wahnsinnig interessant macht. Die großartig instandgehaltene Altstadt mit Gebäuden sämtlicher Stilrichtungen von der Renaissance bis zum Jugendstil einerseits, der herbe Funktionalismus osteuropäischer Städte samt den typischen, breiten Straßen und einem reichlich maroden Stadtbild rundherum andererseits.

Bratislava ist seit dem Fall des Eisernen Vorhangs ein beliebtes Ziel für Tagestouristen aus Österreich, Ungarn, Tschechien sowie der Passagiere von Donaukreuzfahrtschiffen. Allerdings hatte Bratislava in den vergangenen zwanzig Jahren den Ruf, die billigste Metropole Europas zu sein, was nicht unbedingt nur qualitativen Tourismus anlockte, um es freundlich zu sagen. Stichworte Polterabendgruppen, Großbritannien, Sauftourismus, „Partyslava".

Das blieb für die Gastronomie der Stadt natürlich nicht ohne Folgen, in dem Dreieck von Ventúrska, Panská und Sedlárska samt der Verbindung zum Michaelertor Michalská reiht sich ein Pub an das andere, ein Club an den anderen, eine Bar an die andere. Was man hier bekommt, ist billiges Industriebier, Souvenirs, Pizza, Burger und einen schlechten Eindruck von der Stadt.

Zum Glück gibt es aber auch noch ein ganz anderes Bratislava, und zwar eine ganze Menge davon, muss man sagen. Denn das frühere Pressburg war nicht nur lange Zeit das wesentliche Zentrum der Weinregion Kleine Karpaten, sondern hat sich – sowohl im 19. Jahrhundert, besonders aber in den vergangenen Jahren – auch zu einer grandiosen Bierstadt mit zahlreichen kleinen Brauereien entwickelt.

Streckenprofil

Länge: 2,5 km
(Minimaldistanz SNP-Brücke bis Hauptbahnhof)
Höhenunterschied: eben
Streckenzustand: mäßig
Sicherheit: mittel
Schwierigkeitsgrad: leicht
Ein- und Ausstiegsmöglichkeit: Bratislava Hlavná (Hauptbahnhof), Anlegestelle Twin City Liner, Anlegestelle Slovenská plavba a prístavy

Ein kleiner Hinweis zu der Fortbewegung mit dem Fahrrad in Bratislava: Die gesamte Altstadt ist Fußgängerzone, darf aber mit dem Fahrrad befahren werden. Besondere Rücksicht ist angesichts der oft engen Gassen und zahlreichen Touristen absolut angebracht. Die Radwegsituation in Bereichen außerhalb der Altstadt ist als inexistent zu bezeichnen, das Fortkommen erweist sich aber als unproblematisch. Achtung: Den Zustand der Straße immer im Blick haben, man kann es hier mit Schlaglöchern zu tun haben, die gefährlich werden können.

Bratislava hat etwas, das man in Mitteleuropa heute kaum noch finden kann, nämlich eine zentrale Markthalle. Die **NOVÁ TRŽNICA** befindet sich zwar 2,5 Kilometer vom Zentrum der Altstadt entfernt, zu Fuß vielleicht zu weit, mit dem Fahrrad ein Katzensprung. Die Halle wurde 1983 errichtet und ist ein Paradebeispiel an architektonischem Brutalismus: meterdicker Sichtbeton, massive Lüftungsrohre, Kunstlicht, man hat das Gefühl, diese Markthalle sollte einem Bombardement standhalten. Die Nová tržnica ist natürlich nicht mit Barcelonas Boqueria oder Stockholms Östermalmshallen vergleichbar, die Nová tržnica ist kein Feinkostmarkt. Hier verkaufen Bauern, was bei ihnen halt so wächst, ganz normale Sachen, und die verkaufen sie billig. Man bekommt hier außerdem Plastikgeschirr, rosafarbene Nylon-Unterwäsche aus den 1970ern, Blumen, Mayonnaisesalat und Sauerkraut, man kann sich die Hose flicken und die Schuhe doppeln lassen. Oder sehr billiges Bier und sehr billigen Wein trinken. Die Nová Tržnica ist überhaupt nicht schick, sondern ein bisschen schäbig und ein bisschen schmutzig – aber extrem interessant, finde ich.

Das absolute Kontrastprogramm dazu finden wir 1,5 Kilometer in gerader Linie über Krížna und Špitálska, am Platz der sanften Revolution Námestie Nežnej revolúcie: Hier befindet sich die alte Markthalle, **STARÁ TRŽNICA** aus dem Jahr 1910, ein wunderschönes Gebäude, das 2012 nach fünf Jahren Leerstand und Verfall eine neue Bestimmung erhielt.

← Regionale Produkte, Kunst, Entertainment, Gastronomie: In der Alten Markthalle zeigt Bratislava seine junge Seite.

→ Im Jahr 2012 wurde die wunderschöne Jugendstil-Markthalle renoviert und revitalisiert. Sie ist ein Paradebeispiel für moderne Urbanität.

↓
Zu wirklich ausgezeichneten Bieren kommt in der Meštiansky pivovar auch noch urige Atmosphäre und authentische Küche.

↑
Die Bürgerliche Brauerei hat zwar eine lange Geschichte. In ihrer derzeitigen Form wurde sie aber erst 2010 gegründet.

↓
Moderne Architektur ermöglicht es, quasi rund um die topmoderne Brauerei zu sitzen, die Kessel und Tanks immer im Blick.

Bratislava hat von allem recht viel: viel Altes aus der kommunistischen Ära, viel noch Älteres aus der k.u.k. Zeit. Und dann vor allem ganz viel Neues.

Nämlich als stimmungsvoller Veranstaltungsraum, in dem Konzerte abgehalten und großflächige moderne Kunst zelebriert wird. Am Samstagvormittag gibt's hier den Bauernmarkt mit den wirklich besonderen Sachen, am Platz davor wird täglich Streetfood von diversen Standeln und Foodtrucks angeboten. Und es wurden ein paar tolle Lokale angesiedelt: das Lab Café zum Beispiel, ein Co Working-Studio mit typisch modern-hippem „Third Wave"-Café, in dem man Espresso besonderer „Specialty Coffee"-Bohnen bekommt; ein Fermentationslabor im Keller, eine avantgardistische Langos-Bar, das wunderbare Bierlokal Výčap U Ernőho, das seine Biere direkt aus den Tanks der Craftbeer-Brauerei Shenk im Keller der alten Markthalle bezieht; und nicht zuletzt das Viecha naturálnych vinárov, eine im minimalistisch-skandinavischem Design gehaltene Naturwein-Bar, in der man moderne und teils auch recht wilde (etwa mit Hopfen versetzte) Weine ganz junger, kleiner Weingüter aus der Umgebung Bratislavas trinken kann. In der Stará tržnica zeigt Bratislava seine moderne, urbane Seite – mein Lieblingsplatz in der Stadt.

Und weil ich die typische mährisch-slowakische Küche liebe und vor allem die böhmisch-mährische Braukultur verehre, gibt es noch ein paar Plätze, die ich guten Gewissens empfehlen kann: Da wäre einmal das **SPILKA** in der Nähe der Neuen Markthalle, das 2020 in den Gärkeller der früheren Brauerei Stein gefügt wurde. Hier bekommt man exzellentes Handgebrautes in der einzigartigen Atmosphäre einer fünf Meter hohen, vollverfliesten Zisterne und dazu neben den unvermeidlichen Burgern und Wraps eine Art slowakische Küche, der man hier versucht, ein etwas moderneres Outfit zu verleihen.

Oder die **MEŠTIANSKY PIVOVAR**, die sogenannte Bürgerliche Brauerei, 2010 von drei Pressburger Bierliebhabern wiedergegründet, die hier zwar mit modernsten Brauanlagen arbeiten, zugleich aber dem traditionell böhmischen Zwei-Maische-Brauverfahren (etwas komplizierter, allerdings mit unvergleichlich besserem Ergebnis, macht heute kaum noch wer ...) und ausschließlich Saazer Hopfen arbeiten. Das im neorustikalen Stil gehaltene Arkaden-Restaurant fügt sich um die dreistöckige Brauanlage, man hat von fast überall Einblick auf Tanks, Kühlaggregate und Fermenter. Die Küche setzt einerseits auf typische Traditionsküche und macht das sehr gut. Auch hier gibt's natürlich Burger, Fish & Chips und BBQ-Ribs, soll sein, dafür forscht das Küchenteam auch nach ganz speziellen Pressburger Versionen der mährisch-slowakischen Traditionsküche, saisonale Angebote und im Herbst ein paar traditionelle Schlachtgerichte ergänzen das Standardprogramm.

Und schließlich ein Lokal mit einem auf den ersten Blick recht unbescheidenen Namen, das häufig empfohlen, allerdings gar nicht so leicht zu finden ist: Denn der Eingang des **BRATISLAVA FLAGSHIP RESTAURANT** verbirgt sich erstens in einem Torbogen eines barocken Klosters der Barmherzigen Brüder zwischen der Kirche Mariä Heimsuchung und der Klosterbrauerei Kláštorný pivovar. Und zweitens steht da auch nicht Flagship drüber, sondern Bratislavská Reštaurácia. Am Ende des Eingangsbereichs muss man dann noch eine schwere Holztüre aufmachen, eine kulissenartige Nachbildung einer alten Pressburger Gasse durch-

messen und dann auch noch eine breite Steintreppe erklimmen. Nicht aufgeben, denn was dann kommt, ist spektakulär: ein riesiges, slowakisches Bierlokal im einstmals repräsentativsten Kino der Stadt aus den 1950er-Jahren!

Klar, man hätte das „Bratislava Restaurant“ 2015 auch um eine Nuance weniger kitschig machen können, was aber nichts daran ändert, dass die Atmosphäre des holzgetäfelten, doppelstöckigen Saals eindrucksvoll, der Service rasch und freundlich und die Speisekarte ein köstlicher Beweis slowakischer Deftigkeit ist. Das Bier stammt aus der Kleinbrauerei daneben und passt hervorragend zu Kohlsuppe mit Schweinefleisch und Würsten, Brimsennockerln mit Liptauer-Käse und Speck, Selchfleischknödeln mit Sauerkraut oder Lendenbraten in Rahmsauce.

↑
Der Eingang ist ein wenig versteckt und auch recht geheimnisvoll: Durch eine schwere Holztür geht's zum Bratislava Flagship Restaurant.
↓
Bratislava Flagship Restaurant: Ein barockes Bürgerspital, das zum kommunistischen Kinosaal und schließlich zum Bierlokal wurde

In einer Seitengasse des unbedingt sehenswerten Hauptplatzes (wegen Architektur, Atmosphäre und Maximilianbrunnen, weniger wegen der dortigen Touristen-Cafés) ein nächster Fixpunkt, bei dem man allerdings etwas Glück haben muss: Denn die **KONDITOREI KORMUTH** liegt am touristischen Haupttrampelpfad und wird von definitiv jeder Reisegruppe angesteuert. Kein Wunder, schließlich gibt's hier reichlich zu sehen, nämlich eine mit Perserteppichen ausgelegte, mit geschnitzten Wandverkleidungen aus dunklem Holz und vor allem mit pittoresken Deckenbemalungen ausgestattete Patisserie, die einen durchaus historischen Eindruck erweckt. Die schlechte Nachricht: Die Konditorei Kormuth wurde erst 2012 errichtet, zwar wurde durchaus auch historisches Material aus diversen Epochen (ein bisschen wahllos) verbaut, aber es ist Kulisse, Illusion. Die gute Nachricht: Diese Illusion ist gut gelungen, die angebotenen Mehlspeisen sind nicht schlecht (Mindestkonsumation € 10,-) und wenn man einen Platz bekommt, sollte man die Gelegenheit durchaus nützen.

↑
Der malerische Hauptplatz mit Maximilianbrunnen, alles perfekt renoviert, von Touristen stark besucht.

←
Die Fassaden von Bratislavas Altstadt sind historisch. Alles dahinter wurde erst mit Ende des Kommunismus 1989 neu gegründet.

→
Bratislava war in den 1960er- und 1970er-Jahren Experimentierfeld für futuristische Architektur: die Gebäude des Slowakischen Rundfunks

←
London? Seattle? Des Moines? Auch die slowakische Hauptstadt liebt es, sich ein neues Gesicht zu verpassen: Eurovea Tower und Shore View von der Alten Brücke Starý Most aus gesehen.

↓
Der Slowakische Präsidentenpalast im Palais Grassalkovich, eine Station am Weg zum Bahnhof

Man muss, man darf es nicht so machen wie die Billig- und Sauftouristen, das hat Bratislava nicht verdient. Man sollte dieser Stadt mit Respekt begegnen.

Am Hviezdoslavovo námestie, auch Promenade genannt, wird Bratislava ein bisschen zu Paris. Und im Kogo gibt's wild gefangenen Fisch, feinsten Schinken und jede Menge guten Wein.

Der für Feinschmecker interessanteste Ort in Bratislava ist das kleine Restaurant **IRIN**: Erst 2022 gegründet, und zwar in einem ehemaligen Weinkeller in einem versteckten, malerischen Biedermeier-Winkel unmittelbar hinter der St. Martins-Kathedrale, ist das Irin einer der wenigen Vertreter einer wirklich modernen Küche in dieser Stadt: ein fixes Menü, das aus neun Gängen besteht, die sich einzig und allein nach dem Angebot der Landwirte aus unmittelbarster Umgebung richtet. Die Gerichte sind minimalistisch konzipiert, die zentrale Zutat wird inszeniert, allerdings durchaus überraschend und unbedingt kreativ, Fermentation und Reifung ziehen sich als roter Faden durchs Menü. Mit € 75,- für das Menü (Stand Sommer 2023) liegt das Irin preislich etwa bei der Hälfte vergleichbarer Restaurants in Wien, die Weinbegleitung kommt auf € 40,-, die Reservierungsrichtlinie ist strikt.

Getoppt wird das Irin diesbezüglich nur vom zweiten Restaurant Bratislavas, das definitiv Spitzengastronomie anbietet, dem **EDOMAE SUSHI MATSUKI**. Auch hier wurde ein früherer Weinkeller umfunktioniert, allerdings zu einem japanischen Lokal der Spitzenklasse: Ein japanischer und ein slowakischer Küchenchef, Letzterer allerdings im Besitz eines Abschluss-Zertifikats einer renommierten japanischen Sushi-Universität, kochen hier nach dem Omakase-Prinzip, das heißt, die Köche entscheiden, was es zu essen gibt. Sashimi, Nigiri Sushi, Gegrilltes und Vorspeisen sind ebenso exzellent wie puristisch wie wunderschön, das Menü kommt auf € 140,- und ist auf zwei Stunden anberaumt, ohne Reservierung ist man allerdings auch hier chancenlos.

Sollte das nicht klappen und, wo wir tagelang an der Donau entlanggeradelt sind, der Appetit auf Fisch allerdings unbezwingbar sein, ist die Rettung jedoch nicht weit, und zwar am Hviezdoslavovo námestie, dem Hviezdoslav-Platz, auch Promenade genannt: Die von alten Platanen und Linden beschattete Promenade erinnert fast ein bisschen an die Ramblas in Barcelona, und wie dort befindet sich auch hier ein Restaurant neben dem anderen. Die wenigsten davon kann ich guten Gewissens empfehlen, eine Ausnahme stellt das **KOGO** dar, eine wilde Mischung aus italienischem Ristorante und amerikanischem Steakhouse, das aber über drei interessante Aspekte verfügt: erstens das täglich selbst gebackene Sauerteigbrot, zweitens der wirklich sehr einladende, an Pariser Cafés erinnernde Außenbereich an der Promenade, den die benachbarten Lokale weitaus weniger attraktiv anlegen. Und drittens der Umstand, dass hier seit der Gründung im Jahr 1996 vor allem wild gefangener Fisch angeboten wird, also auch der Branzino, der hier Leinen-geangelt aus der Bretagne stammt. Die Rezepturen sind nicht übermäßig kompliziert, was bei guter Ware ja auch nicht notwendig ist, ganze Tagesfangfische werden in Salzkruste oder am Grill zubereitet.

↑ Im Café Verne sind die Portionen groß und die Preise klein. Kein Wunder, Studenten kehren hier seit der Wende gerne ein.

→ Straßenleben, das manchmal ein bisschen an Paris oder Barcelona erinnert. Und das nur 60 Kilometer von Wien entfernt.

Mein Lieblingslokal an diesem schönen Platz aber ist das **CAFÉ VERNE**, im Jahr 1998 unmittelbar vor der kleinen Kunst-Uni Bratislavas am Hviezdoslav-Platz gegründet und seit damals gerne von Künstlern, Studenten, Intellektuellen oder einfach auch von Touristen besucht, denen der grelle Kommerz der Pressburger Altstadt auf die Nerven geht. Das Bier ist aus Pilsen und okay, der Kaffee könnte besser sein, das Essen ist für ein Studentenlokal durchaus in Ordnung, Pasta, Salat, ein bisschen Gebratenes, die Portionen sind enorm, die Preise absurd billig. Aber darum geht's hier nicht. Es geht darum, auf wackeligen Thonet-Sesseln und an zentimeterdick lackierten, alten Holztischen im Schatten der alten Alleebäume zu sitzen, das sprudelnde Leben dieser widersprüchlichen, aber auch großartigen mitteleuropäischen Mini-Metropole zu genießen und vielleicht ein bisschen was von der Band, die da vorne auf der Bühne ein Open-Air-Konzert gibt, mitzubekommen.

Und stolz darauf zu sein, 400 Kilometer Donauradweg geschafft zu haben. Oder auch nur 300, 200 oder 70, ganz egal. Der Weg war das Ziel, Bratislava war aber ebenso das Ziel. Und nun mit dem Zug oder dem Schiff wieder nach Hause – oder einfach umdrehen und das Ganze noch einmal, weil da ja noch ein paar interessante Gasthäuser waren, die gerade nicht offen hatten …

Bratislava liegt nur eine Tagesetappe mit dem Fahrrad von Wien entfernt, ist ebenfalls mitteleuropäische Metropole und doch so völlig anders.

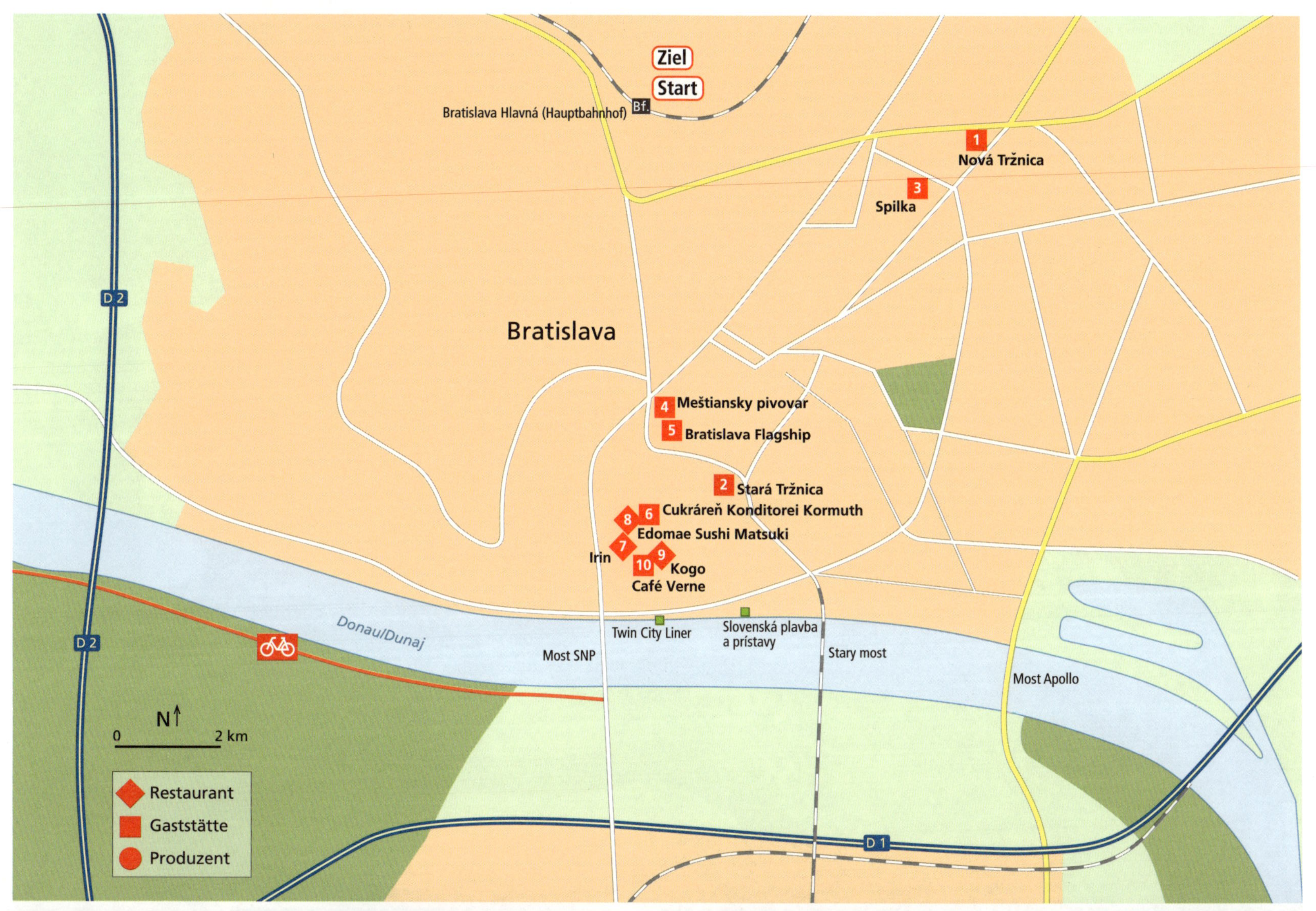
Ziel
Start
Bratislava Hlavná (Hauptbahnhof)
Bf.
1 Nová Tržnica
3 Spilka
Bratislava
4 Meštiansky pivovar
5 Bratislava Flagship
2 Stará Tržnica
6 Cukráreň Konditorei Kormuth
8 Edomae Sushi Matsuki
7 Irin
9 Kogo
10 Café Verne
Donau/Dunaj
Twin City Liner
Slovenská plavba a prístavy
Most SNP
Stary most
Most Apollo
D 2
D 1
N
0
2 km
Restaurant
Gaststätte
Produzent

Die Lokale

1 ① Neue Markthalle, Nová tržnica

831 04 Bratislava/Nové Mesto,
Šancová 112, Mo–Fr 6–18, Sa 6–13 Uhr,
trznica.banm.sk

2 ② Alte Markthalle, Stará tržnica

811 01 Bratislava, Námestie SNP,
Sa 9–15 Uhr, staratrznica.sk

3 Spilka

811 07 Bratislava, Legionárska 8,
Tel. +421 2/326 00 391, Mo–Mi 11–23,
Do, Fr 11–24, Sa 12–23, So 12–21 Uhr,
www.spilkarestaurant.sk

4 Meštiansky pivovar

811 06 Bratislava, Drevená 575/8,
Tel. +421/944 512 265, Di–Sa 15–23 Uhr,
www.mestianskypivovar.sk

5 Bratislava Flagship Restaurant

811 01 Bratislava, Námestie SNP 8,
Tel. +421/917 927 673, Mo–Mi 11–22,
Do, Fr 11–23, Sa 12–23, So 12–22 Uhr,
www.bratislavskarestauracia.sk

6 Konditorei Kormuth

811 01 Bratislava, Sedlárska 363,
Tel. +421 2/544 325 37, Mo–Sa 9–21,
So 9–20 Uhr, www.konditoreikormuth.sk

7 Irin

811 01 Bratislava, Rudnayovo námestie 2,
Tel. +421/908 667 740, Di–Fr 17.30–22 Uhr,
irinrestaurant.com

8 Edomae Sushi Matsuki

811 01 Bratislava, Ventúrska 18,
Tel. +421/948 917 097, Mo–Sa 18–22 Uhr,
www.edomae-matsuki.sk

9 Kogo

811 02 Bratislava/Staré Mesto,
Hviezdoslavovo námestie 245/21,
Tel.+421 2/546 450 94, tägl. 11–22 Uhr,
www.kogo.sk

10 Café Verne

811 02 Bratislava Staré Mesto,
Hviezdoslavovo námestie 175/18,
Tel. +421 2/544 305 14, Mo–Do 8–22,
Fr 8.30–22, Sa, So 10–22 Uhr,
www.cafeverne.sk

Register

Orte und Regionen

Lokalitäten

Liebe Leserin, lieber Leser,

haben Ihnen unsere genussvollen Radtouren gefallen?
Dann freuen wir uns über Ihre Weiterempfehlung.
Möchten Sie mit dem Autor in Kontakt treten?
Wir freuen uns auf Austausch und Anregung unter
post@styriabooks.at

Inspirationen, Geschenkideen und gute Geschichten
finden Sie auf **www.styriabooks.at**

STYRIA
BUCHVERLAGE

ISBN 978-3-222-13732-7

Bücher aus der Verlagsgruppe Styria gibt es
in jeder Buchhandlung und im Online-Shop
www.styriabooks.at

Fotografie: Rupert Pessl, rupertpessl.com
Bildnachweis Autorenfoto Florian Holzer: Ingo Pertramer
Buch- und Covergestaltung:
Jefferson & Högerle, jefferson-hoegerle.com
Coverillustration: Ruth Veres, ruthveres.at
Kartografie: Angelika Solibieda, cartomedia-karlsruhe.de
Lektorat: Philipp Rissel
Projektleitung: Sophie Wolf
Mitarbeit: Amelia Bodner
Korrektorat: Sabine Edith Braun
Druck und Bindung: Graspo

Gedruckt auf Salzer Touch
120 g und 300 g (Umschlag)

Printed in the EU
7 6 5 4 3 2 1